Beate M. Weingardt

Faszination Körpersprache

Was wir ohne Worte alles sagen

SCM R.Brockhaus

SCM

Stiftung Christliche Medien

Für Anneliese Wiedmann

© 2011 SCM R.Brockhaus im SCM-Verlag GmbH & Co. KG
Bodenborn 43 · 58452 Witten
Internet: www.scm-brockhaus.de; E-Mail: info@scm-brockhaus.de

Umschlaggestaltung: Miriam Gamper, dko-Design, Essen
Satz: OLD-Media OHG, Neckarsteinach
Druck und Bindung: CPI–Ebner & Spiegel, Ulm
Printed in Germany
ISBN 978-3-417-26384-8
Bestell-Nr. 226.384

INHALT

Einleitung

»Wenn du so bist wie dein Lachen, möchte ich dich wiedersehn«, sang die Kölner Sängerin Ina Deter Mitte der 70er-Jahre mit zarter Stimme, und ich, damals sehr jung und natürlich noch Single, fand das Lied wunderschön. Schließlich machte ich mir auch schon meine Gedanken darüber, woran ich meinen Traumprinzen, wenn er mir eines Tages über den Weg laufen würde, am besten erkennen könnte. An den Augen? An der Stimme? An den Bewegungen? Am Lachen? Ob Ina Deter »ihn« wiedergesehen hat oder nicht und was daraus geworden ist – ich weiß es nicht. Doch die Sängerin muss in den kommenden Jahren eher ernüchternde Erfahrungen mit dem starken Geschlecht gemacht haben, denn einige Zeit später schmetterte sie mit deutlich tieferer Stimme: »Neue Männer braucht das Land!«

Hatte das Lachen des Mannes, den sie damals wiedersehen wollte, nicht das gehalten, was es zu versprechen schien? Hatte er zu oft gelacht – oder zu selten? Zu leise oder zu laut? Zu oft an der falschen Stelle? Oder war es zu einem Wiedersehen gar nicht gekommen? Gab es diesen Mann womöglich nur in ihrer Fantasie? Ich habe keine Ahnung, doch in einem Punkt hatte diese Frau zweifellos recht: Das Lachen eines Menschen ist etwas ganz und gar Unverwechselbares. Genauso unverwechselbar wie seine Mimik, seine Bewegungen, seine Augen, seine Stimme – um gleich die wichtigsten Bereiche der Körpersprache zu nennen.

Da ich nicht die Erste bin, die sich mit Körpersprache beschäftigt, möchte ich mich in diesem Buch auf zwei Themen konzentrieren. Das eine ist die Verbindung von gesprochener Sprache und Körpersprache, die unsere gesamte Kommunikation prägt, sie gelingen oder misslingen lässt. Das andere ist eine kleine Auswahl an Signalen der Körpersprache. Es sind jene Signale, die ich besonders wichtig und interessant, aber auch spannend und amüsant finde.

Im ersten Teil geht es mir darum, folgende Aspekte näher zu beleuchten:

- Wir achten ständig auf die Körpersprache anderer Menschen – aber selten ist uns dies bewusst.
- Wir entschlüsseln die Körpersprache anderer Menschen ganz automatisch – aber jeder von uns benutzt dabei seinen eigenen »Entschlüsselungscode«.
- Wir reagieren auf Körpersprache – doch meist ohne uns darüber Rechenschaft abzulegen, *worauf* wir reagieren und vor allem: *wie* wir reagieren.
- Wir setzen Körpersprache ein – doch den wenigsten ist dabei klar, *was* sie mit ihrem Körper signalisieren.
- Wir wollen wissen, was die körpersprachlichen Signale unserer Mitmenschen bedeuten, denn dies ist ein Teil unserer emotionalen Intelligenz. Wir bringen sie in Ansätzen schon mit auf die Welt, sollten sie aber weiterentwickeln. Zur emotionalen Intelligenz gehört es, Emotionen an sich selbst sowie an anderen wahrzunehmen, Gefühle bewusst auszudrücken und zu verstehen und Gefühle zu steuern (anstatt ihnen ausgeliefert zu sein).
- Da Körpersprache immer auch etwas mit Dominanz und Unterwerfung, mit Selbstbewusstsein und Durchsetzungsvermögen zu tun hat, ist es besonders für *Frauen* enorm wichtig, sich ihrer nonverbalen Signale bewusster zu werden.

    Wie Nancy M. Henley in ihrem spannenden, doch leider vergriffenen Buch über den Zusammenhang von »Geschlecht, Macht und nonverbaler Kommunikation« deutlich macht, geben Frauen durch die traditionell von ihnen erwartete Körpersprache viel mehr Unterwerfungssignale, als in ihrem Interesse sein kann.[1] (Der Einfachheit halber benutze ich allerdings im Folgenden vorwiegend die männliche Form, obwohl sich mein Buch an beide Geschlechter gleichermaßen richtet.)

    Im zweiten Teil meines Buches werden die fünf Hauptbereiche der Körpersprache näher betrachtet: Der erste Bereich ist gleichzeitig der umfangreichste: Raumanspruch, Revierverhalten und Haltungen

---

[1] Körperstrategien, Frankfurt am Main 1988.

bestimmen unser Dasein in dieser Welt, Augensprache und Blickverhalten sind im Nahbereich unseres Zusammenlebens unentbehrlich. Mimik und Lächeln geben selbst flüchtigsten Kontakten eine persönliche Note, während die Gestik zu dem gehört, was jeden Menschen unverwechselbar macht. Da wir uns über die Sprache verständigen, sind Stimme und Sprechmelodie nicht zu überhörende Signale im menschlichen Miteinander.

Denn ob Mann oder Frau, vertraut oder fremd, jung oder alt: All unsere Begegnungen mit anderen Menschen bestehen aus einem komplizierten und faszinierenden Wechselspiel von gesprochener Sprache und Körpersprache, von verbalen (sprachlichen) und nonverbalen (nichtsprachlichen) Informationen. Dass diese Kontakte in den meisten Fällen reibungslos verlaufen, ist eigentlich erstaunlich – wo wir doch so wenig von dem wissen, was wir einander nonverbal mitteilen! Und wo wir uns so wenig dessen bewusst sind, was wir am anderen wahrnehmen – und wie wir darauf reagieren.

Doch leider sind unsere Kontakte mit anderen Menschen nicht immer komplikationslos. Viele verlaufen mehr oder weniger angespannt oder sogar disharmonisch, seien es Begegnungen und Gespräche am Arbeitsplatz, im Bekannten- oder Freundeskreis oder in der Familie. Sie enden mit Verunsicherung und Missverständnissen, mit Ärger und Enttäuschung, mit Kränkungen und völliger Ratlosigkeit. Wie konnte es so weit kommen – wo man doch gar nichts Böses oder Verletzendes *gesagt* hat! Wo man doch wirklich bemüht war, freundlich zueinander zu sein und friedlich miteinander umzugehen! Spannende Fragen – und die Antwort liegt in den meisten Fällen in der Körpersprache.

Die Art und Weise, wie wir uns mit dem Körper ausdrücken, hat nämlich auch ihre Tücken. Die größten Gefahren lauern darin, dass wir Körpersprache meist unbewusst einsetzen und unbewusst wahrnehmen:

- Man reagiert verärgert auf jemanden und weiß nicht recht, weshalb.
- Man fühlt sich im Gespräch mit einer Person unwohl und kann nicht sagen, aus welchem Grund.
- Man hat nach einer Unterredung ein »ungutes Gefühl« und ist sich nicht im Klaren darüber, wo es herrührt.

- Man hat den Eindruck, einem Menschen vertrauen zu können, ohne es konkret begründen zu können.
- Man ist von der »Ausstrahlung« eines anderen Menschen angezogen und kann doch nicht erklären, was das Besondere an dieser Frau, diesem Mann ist.

Wie ist das möglich? Zum einen machen wir uns, wie schon gesagt, Körpersprache selten bewusst (siehe Regel 4), zum anderen ist sie aber auch selten eindeutig. Eine ihrer großen Gefahren liegt in der Möglichkeit von Missverständnissen. »Ein Blick sagt mehr als tausend Worte« – gewiss, aber wissen wir wirklich genau, was der vielsagende (!) Blick unseres Gegenübers uns konkret sagen will? Auch ein Lächeln, eine Veränderung der Körperhaltung oder der Tonlage sind selten eindeutig. Außerdem können Gesten in verschiedenen Ländern vollkommen verschiedene Bedeutungen haben.

Jeder Mensch hat darüber hinaus auch seine ganz persönliche Art und Weise, Körpersprache einzusetzen. Manche Menschen lächeln viel, andere selten. Manche Personen haben eine lebhafte Mimik, andere verziehen kaum eine Miene. Manche Männer und vor allem Frauen zeigen Gefühle recht offen, andere verbergen sie am liebsten. Man sollte also auch den einzelnen Menschen gut kennen, um seine Signale nicht falsch zu interpretieren. Doch selbst bei denen, die uns seit Langem vertraut sind, sind Irrtümer möglich! Wir *meinen* zwar meistens, bei ihnen genau zu wissen, was sie mit ihren nonverbalen Signalen mitteilen möchten – doch wie oft stellt sich später heraus, dass wir mit unserer Deutung glatt danebenlagen! »Ich kenn dich doch!« – mit dieser Überzeugung sollte man auch und gerade bei seinen Liebsten und Nächsten sehr vorsichtig sein.

Eines steht allerdings fest: Die Art und Weise, wie wir uns durch unseren Körper ausdrücken, ist absolut unverwechselbar – so einzigartig wie unser Fingerabdruck. Es ist die erste Sprache, die wir nach der Geburt erlernen, um mit unserer Umwelt in Beziehung zu treten, und es ist die letzte Sprache vor unserem Tod, mit der wir uns verständigen, selbst wenn wir nicht mehr sprechen und so gut wie nichts mehr denken können. Grund genug, sich mit dieser »Ursprache des Menschen« intensiver zu beschäftigen.

Die zehn Grundregeln der Körpersprache

Regel 1: Dass wir uns mit dem Körper ausdrücken, ist angeboren

Schon der Ausdruck ihrer Mienen,
bei gesträubter Haarfrisur,
zeigt es deutlich: Zwischen ihnen
ist von Liebe keine Spur.

WILHELM BUSCH

Was haben folgende Beobachtungen gemeinsam?
- »Traurig ließ sie den Kopf hängen.«
- »Zornig presste er seine Lippen aufeinander.«
- »Angeekelt verzogen sie das Gesicht.«
- »In seinen aufgerissenen Augen war die nackte Angst zu lesen.«
- »Freudig rissen die Zuschauer die Arme hoch.«
- »Vor Überraschung blieb ihr der Mund offen stehen.«

Die Antwort dürfte nicht schwerfallen: Jedes der mitgeteilten Gefühle ist mit körperlichen (nonverbalen) Signalen verbunden, an denen man es deutlich erkennen kann.

Versuchen Sie doch einmal, diese Signale und Gefühle neu zu kombinieren:
- »Vor lauter Traurigkeit blieb ihr der Mund offen stehen.«
- »Angeekelt rissen die Zuschauer die Arme hoch.«
- »In seinen aufgerissenen Augen war die nackte Freude zu lesen.«

9

- »Zornig verzogen sie das Gesicht.«
- »Vor Überraschung presste sie ihre Lippen aufeinander.«
- »In nackter Angst ließ sie den Kopf hängen.«

Sofort merken wir: Nichts davon passt zusammen. Wer sich ekelt, verzieht auf eine ganz bestimmte Weise das Gesicht, reißt aber nicht die Arme hoch. Zornige setzen eine ganz bestimmte Miene auf, verziehen aber nicht das Gesicht. Wer traurig ist, öffnet nicht den Mund, sondern lässt alles hängen, was an einem Körper hängen kann. Wer sich hingegen freut, reißt nicht die Augen auf, sondern wird von einer positiven inneren Energie überflutet, die nach außen drängt. Deshalb lächelt ein erfreuter Mensch meist oder wirft die Arme in die Luft. Übrigens handelt es sich bei diesen sechs Gefühlen um die sogenannten Grundgefühle (»basic emotions«), die alle Menschen auf der Welt spontan empfinden können – gleichgültig, wo sie leben, und egal, wie sie aufgewachsen sind.

Doch drücken auch alle Menschen auf der Welt diese Gefühle auf die gleiche Art und Weise aus? Zeigt beispielsweise ein Eskimo seinen Zorn auf ähnliche Weise wie ein Deutscher? Benutzt eine traurige Indianerin in Brasilien die gleiche Körpersprache wie eine traurige Chinesin? Teilt eine Gruppe von Italienern ihre Freude auf die gleiche Weise mit wie eine Gruppe Ägypter?

Diese Fragen stellte sich Mitte der 60er-Jahre des vergangenen Jahrhunderts der junge nordamerikanische Wissenschaftler Paul Ekman. Damals gab es zwei Lager unter den Forschern: Die einen glaubten – sich an Darwin anlehnend –, unsere menschliche Mimik, mit der wir Gefühle begleiten, sei angeboren und damit quasi universal, das heißt auf der ganzen Welt ziemlich ähnlich. Die anderen behaupteten, sowohl Mimik als auch Gestik seien von der Umwelt abgeschaut, also erlernt und würden deswegen von Kultur zu Kultur verschieden ausfallen. Paul Ekman wollte wissen, welches der beiden Lager recht hatte, und er wendete dafür viel Zeit und Forschungsarbeit auf.

In seiner ersten Untersuchung zeigte er Personen aus fünf Ländern – Chile, Argentinien, Brasilien, Japan und USA – Fotografien von Menschen mit verschiedenen Gesichtsausdrücken und bat sie zu beurteilen, was für ein Gefühl jeder einzelne zum Ausdruck bringt. Das Ergebnis: *Quer durch alle fünf Nationen fiel das Urteil der Mehrheit einstimmig aus.*

Das heißt: Die meisten Menschen, egal, zu welchem Volk und welcher Kultur sie gehörten, konnten treffsicher angeben, *welches Gefühl* die Person auf dem Foto ausdrückte. Paul Ekman machte weitere Studien. Unter anderem ging er sogar zu einem bis dahin von der Zivilisation unberührten Stamm in Neuguinea und legte auch ihnen Fotografien mit verschiedenen Gefühlszuständen von Menschen vor.[2] Schließlich, im Jahr 1969, präsentierte Ekman die Ergebnisse seiner langjährigen Forschungen auf einer wichtigen internationalen Tagung. Das Hauptergebnis war: *Der Mensch kann rund 3000 unterschiedliche Gesichtsausdrücke zeigen, die Gefühle widerspiegeln. Doch es sind genau sechs Basisemotionen, die bei allen Menschen mit einem sehr ähnlichen, für dieses Gefühl charakteristischen Gesichtsausdruck begleitet werden.*[3]

Mit anderen Worten: Auf der ganzen Welt werden Trauer, Zorn, Angst, Ekel, Überraschung und Freude von einer für das jeweilige Gefühl typischen Mimik begleitet. Deshalb kann ein Ägypter diese Gefühle bei einem Italiener ebenso leicht erkennen wie eine Chinesin bei einer brasilianischen Indianerin oder ein Deutscher bei einem Eskimo. Offenbar ist die »Sprache der Gefühle« eine Sprache, die Menschen auf der ganzen Welt miteinander verbindet – während die gesprochene Sprache sie nur allzu leicht voneinander trennt, vor allem, wenn man sie nicht versteht.

Ekmans Beobachtungen beweisen, dass die Verbindung bestimmter Gefühle mit einem bestimmten Gesichtsausdruck *angeboren sein* muss – sonst wäre der Ausdruck nicht überall weitgehend gleich! Gelernt wird allerdings, wie *offen* man diesen

---

[2] Oft konnten die Befragten das Gefühl – z.B. Traurigkeit – nicht direkt benennen, sie konnten aber präzise Situationen schildern, in denen das ausgedrückte Gefühl empfunden wird, z.B. sagten sie beim Anblick eines traurigen Gesichts: »So sieht ein Mann aus, wenn sein Kind gestorben ist.«

[3] Paul Ekman, Gefühle lesen, S. 82. Manchmal wird »Verachtung« als siebtes Basisgefühl genannt.

Gesichtsausdruck in bestimmten Situationen zeigt – oder ob man ihn beispielsweise in Gesellschaft fremder Menschen lieber verbirgt.

Bestätigung finden Ekmans Erkenntnisse durch Beobachtungen an blind geborenen Menschen: Wenn bestimmte Gesichtsausdrücke wirklich angeboren sind, dann müssen sie auch bei Blinden zu sehen sein, welche sich keinerlei Mimik von anderen Menschen »abschauen« können. Und siehe da: Genau dies ist der Fall, wie zahlreiche Untersuchungen bestätigten.[4]

---

[4] Paul Ekman, Gefühle lesen, S. 18. Allerdings scheint sich das Ausdrücken von Gefühlen bei Blinden im Lauf der Jahre abzuschwächen, weil die sichtbare Resonanz auf ihre Signale fehlt.

Regel 2: Es gibt angeborene und gelernte Signale der Körpersprache

Eheleute, die sich lieben,
sagen tausend Worte, ohne zu reden.

FERNÖSTLICHE WEISHEIT

- Wie begrüßen Sie einen Menschen, dessen Kommen Ihnen wichtig ist?
- Welche Geste benutzen Sie, wenn Sie jemanden mitteilen wollen: »Bei dir piept's wohl!«?
- Was machen Sie, wenn Sie ohne Worte eine Frage mit »Nein« beantworten?
- Mit welcher Geste deuten Sie an, dass etwas (viel) Geld kostet?
- Wie signalisieren Sie ohne Worte, dass Sie etwas nicht wissen?
- Welche Geste macht deutlich, dass Sie telefonieren möchten?

Bei all diesen Beispielen handelt es sich um *gelernte Körpersprache.* Damit bezeichnet man Gesten, die in einem bestimmten kulturellen Umfeld erfunden und mit einer ganz bestimmten Bedeutung versehen werden. Als beispielsweise die Menschen hierzulande in der Öffentlichkeit noch Hüte trugen, war es für Männer ein Zeichen der Höflichkeit, eine entgegenkommende Person mit leichtem Anheben des Hutes zu grüßen (Frauen mussten dies interessanterweise nicht tun). Diese Geste der Hochachtung führte zu der bis heute gebräuchlichen Redensart »Hut ab!« (oder, auf Französisch, noch kürzer: »Chapeau!«), wenn man jemandem seinen Respekt mit kurzen Worten mitteilen möchte. Ein Fremder, der sich aus fernen Landen nach Europa verirrte, hat sicher nicht verstanden, was das Anheben des Hutes bedeuten soll – es sei denn,

13

jemand hätte es ihm erklärt.[5] Ja, man kann sagen: Jede Kultur, jede Zivilisation zeichnet sich durch eine Fülle von Gesten aus, die mit einem ganz bestimmten Sinn versehen werden, der in dieser Gesellschaft unumstößlich gilt.

Gelernte Gesten haben vielfältige Funktionen:

- Sie drücken innere Haltungen wie Respekt oder Höflichkeit aus (z. B. Händeschütteln als Begrüßung).

- Sie ersetzen kurze Befehle, Hinweise oder Bitten (ein gespreizter Zeigefinger und Mittelfinger sind unter Rauchern als Bitte um eine Zigarette leicht zu verstehen, da sie die beabsichtigte Handlung sozusagen nachahmen).

- Sie teilen ohne Worte etwas mit (z. B. wenn man, statt »Nein« zu sagen, nur den Kopf schüttelt oder wenn man Daumen, Zeige- und Mittelfinger aneinanderreibt und damit deutlich macht, dass etwas Geld kostet).

- Sie deuten Gefühle und Gedanken an (wenn man z. B. mit dem Finger an die Stirn pocht, um jemandem zu signalisieren, dass man an seinem Geisteszustand zweifelt; oder eine herzliche Umarmung als Begrüßung bei emotional wichtigen Menschen).

Abgesehen von erlernten Gesten, die zu einer bestimmten Nation oder Kultur gehören, gibt es auch noch Gesten, mit der sich Mitglieder einer bestimmten Gruppe verständigen. Beispiele sind die Gebärdensprache, mit der Taubstumme untereinander kommunizieren, oder die Gestik von Trainern oder Schiedsrichtern bei Fußballspielen, die auch von weiter entfernt stehenden Spielern verstanden wird. Nicht zu vergessen die Rituale von Religionsgemeinschaften – wer zum ersten Mal beispielsweise einen katholischen Gottesdienst besucht, wird mit einer Menge an Gesten konfrontiert (Bekreuzigung, Weihwasserbenutzung, Knien u. a.), deren Sinn ihm nicht unmittelbar geläufig ist. Ähnliches gilt in

---

[5] Das Abnehmen des Hutes, das im Anheben nur noch angedeutet wird, bedeutet, dass sich der Grüßende symbolisch kleiner macht, was immer eine Geste der Ehrerbietung ist, man denke an Knicks, Verbeugung oder Handkuss. Auch der Handkuss beinhaltet eine angedeutete Verbeugung.

abgewandelter Form natürlich für alle religiösen Gemeinschaften, die ohne Rituale nicht auskommen.[6]

Nicht zuletzt gibt es Signale, die zur ganz speziellen Kommunikation in einer Familie oder einer Partnerschaft gehören. Solche Zeichen werden von Außenstehenden entweder gar nicht bemerkt oder zwar bemerkt, aber nicht verstanden, weil ihre Bedeutung nur den »Eingeweihten« klar ist. Da genügt beispielsweise eine bestimmte Sprechweise, und alle in der Familie wissen, auf wen angespielt wird oder was gemeint ist. Oder: Ein Mann neigt dazu, in geselliger Runde lange Monologe zu halten, und seine Frau vereinbart mit ihm, ihn durch ein leichtes Heben der Hand oder eine leichte Berührung bei Gelegenheit darauf aufmerksam zu machen.

Das meiste, was in Ratgebern wie »Knigge 2000« oder »Gutes Benehmen leicht gemacht« vermittelt wird, sind gelernte Gesten, die zur richtigen Zeit und am richtigen Ort angewandt werden sollen, um einen gut erzogenen, gebildeten und gesellschaftlich gewandten Eindruck zu machen. Wer öffnet wem die Tür, wer geht wem voraus beim Betreten einer Gaststätte, wann greift man zu welchem Glas oder Besteck und wie fasst man es an, wo verstaut man seine Hände, während man jemandem zuhört usw. – wenn man sich in fremden Milieus bewegt, ist das Feld der Fettnäpfchen, in die man treten kann, groß. Noch gefährlicher wird es, wenn man sich in ferne Länder und fremde Kulturen begibt. Deshalb müssen Firmenmitarbeiter, die einen Auslandsaufenthalt vor sich haben, in der Regel ein gründliches Einführungstraining absolvieren. Es soll sie mit den wichtigsten Gesten und Signalen der Körpersprache im Gastland vertraut machen. Damit werden zwei Ziele verfolgt: Grobes Fehlverhalten kann vermieden und die Zahl der Missverständnisse möglichst klein gehalten werden.[7]

---

[6] Unter religiösen Ritualen versteht man gelernte Gesten oder Handlungen, die von der Gemeinschaft mit einer bestimmten Bedeutung versehen werden.

[7] Ein Beispiel: Wer nach Griechenland oder in die Türkei reist, sollte wissen, dass ein ruckhaftes Zurückwerfen des Kopfes, meist auch noch mit geschlossenen Augen und einem Schnalzen der Zunge verbunden, dort ein Signal für schroffe bis empörte Ablehnung ist.

Desmond Morris beschreibt in seinem Klassiker »Der Mensch, mit dem wir leben«[8] eine Menge an Gesten, die sozial erlernt werden. Jedes Volk »malt« beispielsweise auch mit den Händen, d. h., es deutet durch Gesten Gegenstände, Zustände oder Handlungen an. Vor allem in Tabubereichen (Sexualität, Tod) bedient man sich lieber andeutender Gesten als klarer Worte. Jedes Volk drückt außerdem Anerkennung und Bewunderung durch bestimmte Signale aus, ebenso aber auch Zorn und Verachtung.

Morris bringt auch Beispiele, wo ein und dieselbe Geste je nach Volk völlig gegensätzliche Bedeutungen hat. Ein Beispiel ist der Kreis, den man mit Daumen und Zeigefinger formen kann. Die Bedeutung reicht von »Klasse! In Ordnung!« (Nordamerika) über »Null! Wertlos!« (Frankreich) oder »Geld!« (Japan) bis zu einem Schimpfwort, das auf eine intime Körperöffnung des Menschen anspielt (z. B. Griechenland). Man kann sagen: Anhand unserer erlernten Gesten geben wir uns nicht nur als Angehörige einer bestimmten Kultur, sondern unter Umständen auch als Angehörige einer bestimmten Schicht oder eines bestimmten Milieus zu erkennen. Ein Beispiel: Wer heute noch eine Frau mit Handkuss begrüßt (wobei der Kuss nur angedeutet wird), macht damit deutlich, dass er ein »Kavalier alter Schule« ist, der vermutlich aus Österreich stammt, denn dort war der Handkuss früher sehr verbreitet.

Der »Vorteil« angelernter Gesten ist, dass man sie bewusst einsetzen kann. Allerdings hängt hier viel davon ab, wie gut das Gelernte beherrscht wird. Zahlreiche alte und neue Komödien in Theater und Fernsehen leben davon, sich über Menschen lustig zu machen, die versuchen, zu einer bestimmten Klasse aufzusteigen oder zu einer bestimmten Gruppe von Menschen zu gehören, indem sie deren Gesten kopieren. Doch sie geben dabei eine lächerliche Figur ab, weil sie zu ungeübt sind und deshalb ungeschickt und tollpatschig wirken.

Heute sind wir wesentlich mobiler als die Menschen in früheren Zeiten. Im Lauf unseres Lebens müssen wir deshalb immer wieder

[8] München 1978.

16

neue Gesten erlernen. Dies ist nicht nur dann notwendig, wenn wir das Land und den Kulturkreis wechseln. Es genügt manchmal schon, innerhalb der eigenen Gesellschaft in neue Kreise zu kommen. Wer sich einem Tennisverein oder einer Yogagruppe anschließt, muss dort unter Umständen bestimmte Signalgesten und Insider-Rituale erlernen. Ebenso wer eine neue Arbeitsstelle antritt oder auch nur eine völlig andere Branche kennenlernt. Jeder Verein, jeder Club, jede Gemeinschaft, ob bodenständig oder elitär, ob religiös oder säkular, hat ihre eigenen Gesten und Rituale, die Neuankömmlinge lernen müssen, wenn sie dazugehören wollen.

Auch wer beginnt, in Theater, Oper, Ballett oder Konzerte zu gehen, muss die Gesten erlernen, die bei solchen Anlässen üblich sind. Sogar eine Heirat stellt den Eintritt in eine bislang unbekannte Welt dar, nämlich in die Familie des/der Liebsten. Denn in jeder Familie existiert so etwas wie ein ungeschriebener Gestenkatalog. Was in der einen Familie möglicherweise als distanzlos oder übertrieben angesehen wird, z. B. eine innige Umarmung mit Wangenkuss zur Begrüßung, kann in der anderen Familie in den Rang einer eisernen Regel erhoben werden, die zu missachten einer Todsünde gleichkommt.

Regel 3: Wer lebt, kann nicht anders, als etwas über sich mitzuteilen

Aus den Augen meines Mannes las ich Angst und einige Glas Cognac.

AUS EINEM GERICHTSPROTOKOLL

Nehmen wir an, Sie sind eines Vormittags bei Ihrer Hausärztin angemeldet und werden nach Ihrer Ankunft in der Arztpraxis erst einmal ins Wartezimmer geschickt, in dem sich schon einige Patienten und Patientinnen befinden. Etliche Stühle sind noch leer. In den nächsten Sekunden oder Minuten treffen Sie mindestens zehn Entscheidungen. Mit jeder einzelnen Entscheidung teilen Sie den Anwesenden etwas von sich selbst mit – ob Sie wollen oder nicht, ob es Ihnen und den Mitpatienten bewusst ist oder nicht.

Sie müssen sich entscheiden:

- ob Sie grüßen oder nicht;
- mit welcher Formulierung Sie grüßen (ein deutliches »Guten Morgen!« signalisiert etwas anderes als ein leise genuscheltes »Tag«);
- ob Sie die Anwesenden bei Ihrem Gruß anschauen oder nicht;
- ob Sie sich auf einen Stuhl setzen, der frei steht (d. h. rechts und links von ihm sind unbesetzte Stühle), oder ob Sie sich direkt neben jemanden setzen;
- neben *wen* Sie sich setzen;
- ob Sie die Person, neben die Sie sich setzen, noch einmal verbal oder nonverbal grüßen oder ob Sie sich wortlos neben ihr niederlassen;
- ob Sie sich Ihrem Nebensitzer mit Ihrer Haltung eher zuwenden oder sich eher von ihm wegdrehen;

- ob Sie mit jemanden im Wartezimmer Blickkontakt aufnehmen oder jeglichen Blickkontakt vermeiden;
- ob Sie eine der bereitliegenden Illustrierten oder Broschüren lesen, eigene Lektüre aus der Tasche holen oder Ihre Blicke durchs Wartezimmer schweifen lassen;
- ob Sie mit jemandem einige Worte wechseln oder einfach nur schweigen;
- ob Sie eine Tätigkeit beginnen oder nicht (z. B. sich im Kosmetikspiegel betrachten oder schminken, Handy herausholen und benutzen, eine Handarbeit aufnehmen, in der Illustrierten ein Rätsel lösen, zu essen anfangen, etwas zu schreiben beginnen usw.).

Ich nehme an, dass den wenigsten Menschen in dem Moment, in dem sie ein Wartezimmer betreten, bewusst ist, wie viele nonverbale Signale sie in den nächsten Sekunden und Minuten an ihre Umgebung senden. Die meisten handeln völlig unbewusst und gewohnheitsmäßig, das heißt, man hat sich im Lauf der Jahre ein ganz bestimmtes Verhalten beim Betreten eines Wartezimmers angewöhnt. Das Gleiche gilt, wenn wir in andere Räume eintreten, in denen sich schon Menschen befinden, seien es Fahrstühle, öffentliche Verkehrsmittel, Cafés etc. Ja, im Lauf unseres Lebens ersparen wir uns längeres Nachdenken darüber, was wir tun sollen, durch immer mehr Gewohnheiten. Dagegen ist prinzipiell nichts einzuwenden. Doch wissen wir auch, was wir der Umwelt mit unserem nonverbalen Verhalten mitteilen? Viele Menschen meinen ganz naiv: »Wenn ich nichts sage, sage ich auch nichts über mich selbst aus.« Das ist ein Irrtum. Abgesehen von unserem Aussehen, das ja auch eine Menge zum Ausdruck bringt, registrieren die Menschen, die uns wahrnehmen, auch recht genau, was wir *tun* – und sie ziehen ihre Schlüsse daraus. Sie machen sich – in genau den Sekunden, in denen wir unsere Entscheidungen treffen – ein Bild von uns.

Welches Bild? Darum geht es: dass wir in der Lage sind, uns der Signale, die wir senden, *bewusster* zu werden. Natürlich nur, wenn wir es wollen, wenn es uns wichtig erscheint. Was ist der Vorteil, wenn wir uns die eigene Körpersprache bewusst machen? Alles, was uns bewusst ist (oder wird), können wir verändern – oder einfach nur flexibler und spielerischer damit umgehen. Was haben wir davon? Wir gewinnen die Freiheit, nicht nur auf *ein Verhalten* festgelegt zu sein. Wir haben mehr Spielraum in unseren Aktionen und Reaktionen. Was uns hingegen nicht bewusst ist, hat uns »im Griff« – wir sind festgelegt und haben keine Wahl, wie wir uns verhalten, was wir signalisieren oder wie wir reagieren möchten. Deshalb laufen viele unserer Begegnungen und Verhaltensweisen auch nach immer dem gleichen Muster ab – und führen unter Umständen zu immer den gleichen Problemen.

Wenn wir jedoch einmal erkannt haben, dass wir *auf jeden Fall* mit unserem Körper kommunizieren, dann wäre es doch sehr reizvoll, hin und wieder *bewusst* auf die Signale zu achten, die wir aussenden.

Nehmen wir an, Sie betreten einen Fahrstuhl, in dem sich schon einige Personen befinden, allerdings herrscht noch keine drangvolle Enge:
- Wohin stellen Sie sich?
- Wie viel Abstand nehmen Sie, sofern Sie Spielraum haben, zu den anderen Fahrstuhlgästen ein?
- Wem wenden Sie den Rücken zu, wem das Gesicht?
- Was machen Sie mit Ihren Händen, wohin lassen Sie Ihre Blicke schweifen?

Mein Vorschlag: Tun Sie doch einmal etwas, was Sie sonst nie tun. Sprechen Sie jemanden an! Summen Sie ein Lied vor sich hin! Beobachten Sie dabei, wie die »Mitfahrenden« reagieren!

Manche werden keine Miene verziehen, manche werden, so vermute ich, lächeln oder andere Signale senden, aus denen Sie erraten können, was sie denken und empfinden.

Doch an diesem Punkt stellt sich die Frage: Wie treffsicher sind andere Menschen eigentlich in den Schlussfolgerungen, die sie aus unserer Körpersprache beziehen? Können sie uns überhaupt richtig einschätzen, wenn sie nur unser Aussehen, unsere Bewegungen, Gesten, Mimik und Haltungen beobachten? Die Antwort lautet: Unsere Mitmenschen sind scharfsichtiger, als wir denken – selbst wenn sie uns überhaupt nicht kennen und nur eine Fotografie von uns zur Hand haben! In einer nordamerikanischen Studie wurden Testpersonen gebeten, aufgrund von Fotografien auf Charakterzüge der abgebildeten Personen – die sie nicht kannten – zu schließen. »Erstaunlicherweise war die Trefferquote hoch«, heißt es in dem Bericht[9], besonders wenn es um die Fragen ging, wie freundlich, aufgeschlossen, extravertiert, ja, sogar wie religiös die abgebildeten Personen waren. Das bedeutet: Menschen machen sich nicht nur schnell ein Bild von uns, sondern es kann auch zutreffender sein, als wir glauben.[10] Wichtig ist, dass wir uns klarmachen: Das mehr oder weniger attraktive *Aussehen* ist nur ein Teil dieses Bildes. Sobald Menschen uns leibhaftig gegenüberstehen, sich womöglich noch bewegen, hat ihre Körpersprache und die damit verbundene Ausstrahlung einen weit größeren Einfluss auf unser Urteil über diese Person als die äußerliche Attraktivität allein.[11]

Und was ist, wenn wir schlafen, wenn also unser Bewusstsein vorübergehend außer Kraft gesetzt ist? Sagt unser Körper, abgesehen vielleicht von Alter und Gewicht, dann immer noch etwas über uns aus? Ja, aber in sehr eingeschränktem Maß. Aufschlussreich könnte beispielsweise die Schlafposition sein (natürlich kann auch aufschlussreich sein, was jemand im Schlaf spricht, aber dabei handelt es sich ja nicht mehr um Körpersprache). Allerdings dürfen aus der Schlafposition keine voreiligen Schlüsse gezogen werden in Bezug auf Wesensmerkmale des Schläfers: »Rückenlage – aha, ein mutiger Mensch, der seine weiche Bauchseite nicht ängstlich hüten muss!« – Stopp, so einfach ist es nicht (vgl. Regel 9). Viele

---

[9] Berichtet in: Psychologie heute, Juni 2010, S. 17.
[10] Natürlich gab es auch Fehlschlüsse, z. B. wenn aufgrund von besonders ordentlicher Kleidung auf einen gewissenhaften Menschen geschlossen wurde – hier kann man natürlich auch besonders leicht seine Umgebung täuschen.
[11] Ausführlich in: Psychologie heute, September 2006, »Wie seh ich aus?«, S. 20-25.

Schlafpositionen sind nämlich auch durch körperliche Probleme oder gar Schmerzen mitbedingt.

Wie wenig wir es jedoch selbst im Schlaf oder zumindest in der Liegeposition vermeiden können, etwas über uns zu verraten, macht eine soeben veröffentlichte, höchst überraschende Studie deutlich. Neurologen der Universitäten Leipzig und Würzburg stellten fest: Je schiefer sich ein Mensch in sein Bett legt, desto schwerer ist meist der Grad seiner Demenz. Die Erklärung: Wahrscheinlich hängt die Schräglage mit einer Störung des räumlichen Orientierungsvermögens zusammen. Mit anderen Worten: Den getesteten Personen war überhaupt nicht bewusst, wie »verbogen« sie sich ins Bett legten.[12]

Täuschungsmanöver sind sowohl im Schlaf als auch in geistesabwesendem oder gar dementem Zustand allerdings nicht möglich, denn Manipulationen und Täuschungen setzen Bewusstsein und die Fähigkeit zur Selbstbeobachtung sowie Selbstüberwachung voraus. Das ist übrigens auch der Grund, weshalb Kinder in jüngeren Jahren mit ihrer Körpersprache nicht täuschen können. Ihnen fehlt die notwendige Bewusstseinsreife, sprich: die Fähigkeit, sich selbst mit den Augen anderer zu sehen und deren Gedanken richtig einzuschätzen. Deshalb können kleinere Kinder gar nicht anders, als ehrlich, sozusagen: ganz sie selbst zu sein. Das macht ihren großen Reiz aus! Selbst wenn sie mit Worten die Unwahrheit sagen, fällt es ihnen extrem schwer, auch die dazugehörige »stimmige« Körpersprache an den Tag zu legen. Auch tun sich Kinder noch schwer damit, Täuschungen zu erkennen – sie sind im wahrsten Sinn des Wortes vertrauensselig (!) und arglos.

---

[12] Für die Erhebung wurden Neurologiepatienten gebeten, sich aus dem Sitzen heraus auf ihr Bett zu legen. Die Position wurde mit einer Überkopfkamera festgehalten. Mit anderen Tests wurde der Grad ihrer geistigen Beeinträchtigung ermittelt. Der Zusammenhang war eindeutig: Je schlechter die Testleistung bezüglich der geistigen Fähigkeiten, desto größer der Grad der Schieflage im Bett. Vgl. Psychologie heute, Juni 2010, S. 68.

Regel 4: Körpersprache ist die erste »Sprache«, die wir gelernt haben

Das Lächeln, das du aussendest,
kehrt zu dir zurück.

INDISCHE WEISHEIT

Auch Babys, die ganz regulär nach rund neun Monaten das Licht der Welt erblicken, kommen eigentlich zu früh auf die Welt – sie sind nämlich noch nicht fertig entwickelt. Einiges an ihnen ist noch nicht ganz ausgereift. Doch würden sie noch länger im Mutterleib verweilen, wäre das Becken der Frau zu schmal, um sie noch auf natürlichem Weg zur Welt bringen zu können. Schuld daran ist der große Kopf – er ist das Schwerste und Sperrigste an einem Neugeborenen.

Zum Vergleich: Bei ca. 3000 bis 3500 g durchschnittlichem Geburtsgewicht hat ein Mensch, der als Erwachsener 60 bis 70 kg wiegt, im Lauf seiner Kindheit und Jugend mindestens das 20-Fache seines Geburtsgewichts zugelegt. Nimmt man den Kopf allein, so sieht das Verhältnis ganz anders aus: Er wiegt durchschnittlich schon bei der Geburt rund 350 g und erreicht beim Erwachsenen ein Endgewicht zwischen rund 1250 g (Frauen) und 1350 g (Männer). Das bedeutet: Schon am ersten Lebenstag hat unser Kopf über ein Viertel seines späteren Endgewichts! Kein Wunder, dass er im Vergleich zum restlichen Körper viel zu groß ist.

Doch so gewichtig der Kopf samt Inhalt auch sein mag – kein Baby auf dieser Welt, es sei noch so genial, kann von Geburt an gesprochene Sprache verstehen, geschweige denn selbst ein Wort äußern. Dieser Prozess – Sprachverständnis und Spracherwerb – setzt gegen Ende des ersten Lebensjahres langsam ein und zieht sich über mindestens zwei Jahre hin. Wie aber soll ein Baby bis dahin mit seiner Umwelt kommunizieren? Schließlich ist es auf

Kommunikation angewiesen, denn Neugeborene möchten vom ersten Tag an eines erleben: Verbundenheit, kombiniert mit Verlässlichkeit und Liebe. Also bleibt dem Kind nur ein Kommunikationsmedium: der Körper! Ein Baby verfügt über

- ▶ Mimik
- ▶ Augensprache
- ▶ Bewegungen
- ▶ Stimme
- ▶ Geruch

Und ein Baby reagiert bei seinen Bezugspersonen – ich greife der Einfachheit halber die Mutter heraus – von Geburt an auf deren

- Mimik: Wie lebhaft ist das Mienenspiel der Mutter? Macht sie ein unbewegtes Gesicht, oder lernt das Kind, im Gesicht der Mutter zu lesen? Lächelt die Mutter es an? Wann und wie oft?
- Augensprache: Bietet die Mutter Augenkontakt? Wie schaut sie das Kind an? Runzelt sie finster die Stirn, schaut sie kühl und gleichgültig, oder strahlt sie über das ganze Gesicht?
- Gestik und Berührung: Wie fasst die Mutter das Kind an? Grob oder sanft, vorsichtig oder unachtsam? Berührt sie es oft, streichelt und liebkost sie es?
- Stimme: Spricht die Mutter mit dem Kind? Wenn ja, ist die Stimme laut oder leise, monoton oder melodisch, weich oder hart? Wann wird sie lauter? Welche Stimmäußerungen hört das Kind noch? Lacht die Mutter oft? Singt sie?
- Geruch: Das Kind riecht die Mutter vom ersten Lebenstag an, und Gerüche werden direkt ins »Gefühlshirn« geleitet und regen die Gehirnaktivität an.

Die Beziehung, die das Kind zu seinen Bezugspersonen aufbaut, kann also zunächst nur über die Körpersprache erfolgen. Und weil das Kind auf Verständigung und Kommunikation angelegt ist, saugt es sämtliche körpersprachlichen Signale seiner Umgebung auf wie ein Schwamm. Es versucht, diese Signale zu deuten, sich darauf einen Reim zu machen. Vor allem aber will ein Baby intuitiv wissen: »Bist du mir gut gesonnen? Kann ich dir vertrauen? Bin ich bei dir in guten Händen?« Davon hängt schließlich sein Überleben ab!

Je mehr Signale das Kind aus seiner Umwelt empfängt, umso mehr lernt es auch, die eigene Körpersprache gezielt einzusetzen und zu verfeinern. Es kopiert das Mienenspiel und die Laute seiner Mutter. Ja, wir alle haben uns im Lauf der ersten Lebensjahre zu wahren Virtuosen in der Kunst entwickelt, Körpersprache zu beobachten und zu entschlüsseln. Doch dies alles geschieht *vollkommen unbewusst*, denn das Bewusstsein ist an Denken und Sprache gekoppelt. Beispiel: Wenn ein Kind vom Kindergarten nach Hause kommt und vom Vater mit einem finsteren Blick empfangen wird, kann das Kind nicht sagen: »Vater, dein Blick ist so finster, hat dich etwas geärgert?« Denn diese Frage würde voraussetzen, dass das Kind seine eigene Wahrnehmung ins Bewusstsein überführt *und* in Sprache übersetzt. Dazu ist es während der ersten Lebensjahre nicht in der Lage. Selbst uns Erwachsenen fällt diese Übersetzung in der Regel schwer.

Machen wir uns klar: Wir haben als Kinder gelernt, intensiv auf die Körpersprache unserer Mitmenschen zu achten, und wir haben ständig versucht, deren Signale zu entschlüsseln und zu verstehen. Gleichzeitig haben wir auch unseren eigenen Körper eingesetzt, um uns mitzuteilen. Doch dies alles geschah ohne Beteiligung unseres Bewusstseins. Wir haben darüber nicht nachgedacht.[13]

Nur wenn Kinder jemanden einschätzen und wenigstens in Ansätzen verstehen können, können sie vertrauen und sich sicher und geborgen fühlen. Und natürlich wollen Kinder auch erkennen, wann sie rechtzeitig auf der Hut sein müssen. Denn nichts ist schlimmer als ein unberechenbarer Vater, eine launische Mutter, bei denen man nie weiß, in welcher Stimmung man sie antrifft und

---

[13] Im Durchschnitt sind Mädchen hierbei aufmerksamer; das heißt, sie schauen andere Menschen länger an, als Jungen dies tun. Vgl. dazu mein Buch »Ein Mann – (k)ein Wort«, 2. Aufl. 2009, S. 26ff, wo ich die angeborenen Geschlechtsunterschiede darstelle.

worauf man gefasst sein muss (Gleiches gilt natürlich auch für andere Erwachsene). Auch deswegen ist es für ein heranwachsendes Kind enorm wichtig, körpersprachliche Signale zu beobachten und zu entschlüsseln.

Interessant ist nun, dass wir diese erste Sprache, mit der wir uns verständigen, unser ganzes Leben lang unaufhörlich weiter-»sprechen« und bei anderen unablässig weiterbeobachten und zu entschlüsseln versuchen.[14] Dabei wirken die Gefühle, die wir über den *Körper* signalisieren, auf das Unterbewusstsein unseres Gegenübers ein und lösen bei ihm eine mehr oder weniger starke Resonanz aus. »Die Psychologie weiß seit Langem, dass wir in Begegnungen ›emotional konvergieren‹ (uns dem anderen angleichen), je länger wir mit jemandem reden. So gleicht sich nicht nur unsere Körpersprache an, auch Mimik und Sprechweise spiegeln sich mehr und mehr.«[15] Wir schwingen sozusagen – Sympathie vorausgesetzt – immer mehr auf der gleichen »Wellenlänge« wie unser Gegenüber.

---

[14] Deswegen können wir das Geschehen in Stummfilmen in der Regel gut verstehen – alle wichtigen Informationen werden uns, abgesehen von gelegentlich eingeblendeter Schrift, über die Körpersprache vermittelt.
[15] Zitat aus »Menschenkenntnis – Die alltägliche Kunst des Gedankenlesens«, Psychologie heute, August 2010, S. 25.

Regel 5: Mit der Körpersprache teilen wir vor allem mit, was wir fühlen

Männer machen immer so ein dummes Gesicht,
wenn sie ertappt werden.
Und sie werden stets ertappt.

Oscar Wilde

Wenn wir einem anderen Menschen begegnen, laufen in unserem Kopf in wenigen Sekunden Dutzende von Wahrnehmungen zusammen, z. B.:
- Wie ist die Person gekleidet?
- Wie sieht das Gesicht aus?
- Wie gepflegt ist ihr Äußeres (Haut, Frisur, Zähne, Hände, Kleidung, Schuhe etc.)?
- Welche Figur hat sie?
- Wie alt ist sie?
- Wie spricht sie?
- Wie bewegt sie sich?
- Wie ist ihr Gesichtsausdruck?
- Wie schaut sie mich an?
- Erinnert sie mich an jemanden?
- Wirkt sie vertrauenswürdig auf mich?
- Ist mein Gegenüber mir sympathisch?
- Erzeugt diese Person Widerwillen oder gar Angst in mir?

Auch wenn wir von einem anderen Menschen angezogen sind oder eingeschüchtert, wenn er uns beeindruckt oder verunsichert, wenn er unsere Neugier weckt oder unseren Ärger – es sind immer Gefühle, die spontan und blitzschnell in uns auftauchen. Nur wenn ein Mitmensch uns vollkommen gleichgültig ist und uns nicht im

Mindesten interessiert, besteht die Möglichkeit, dass wir auf ihn *nicht* mit irgendeinem Gefühl reagieren. Aber sobald diese Person – z.B. der Briefträger, der uns die Post bringt – irgendetwas sagt oder tut, was unsere Aufmerksamkeit weckt, wenn er ungefragt unseren Garten lobt oder sich lauthals über unseren Hund beschwert, dann reagieren wir auf diese Äußerungen mit einem Gefühl: Wir sind erfreut, irritiert, überrascht oder verärgert, um nur einige Möglichkeiten zu nennen.

> *In jeder nicht ganz oberflächlichen Begegnung reagieren wir auf unser Gegenüber mit Emotionen, die schwach oder stark, positiv oder negativ, von Sympathie oder Antipathie geprägt sind.*

Aber was sind eigentlich Emotionen?[16] Sie bilden im Grunde eine eigene Welt in unserem Kopf – neben der des Verstandes oder der Vernunft. Emotionen sind Bewertungen, die in einem bestimmten Teil unseres Gehirns (»limbisches System« genannt) entstehen. Diese Bewertungen stützen sich auf Hunderte von Wahrnehmungen, die das Gehirn über unsere Sinnesorgane empfängt. Die Auswertungen dieser Sinneseindrücke erfolgen so schnell, dass wir uns meist nicht bewusst machen, worauf sie beruhen. Das limbische System, das buchstäblich im Zentrum des Gehirns liegt, erstellt aus der von den Sinnesorganen (Augen, Ohren usw.) gelieferten Menge an Puzzleteilen einen ersten Gesamteindruck – wir haben ein bestimmtes Gefühl.

Was ist der Sinn dieses Gefühls? Es soll uns in Bewegung setzen (Emotion kommt von lat. *ex* und *movere*, das heißt: heraus bewegen), uns zu schnellem Handeln bewegen. Deswegen sind Gefühle mit bedeutend mehr unwillkürlichen Muskelbewegungen verknüpft als Gedanken. Man kann dies gut erkennen, wenn man Zuschauer oder Zuhörer beobachtet. Wenn sie etwas berührt oder anrührt, rührt sich auch etwas *an* ihnen! Augen werden aufgerissen oder

---

[16] Ich verwende die Begriffe »Gefühl« und »Emotion« synonym, d.h., sie drücken bei mir das Gleiche aus, obwohl ich weiß, dass manche Autoren hier noch einmal einen Unterschied machen. Doch das würde den Rahmen meines Buches sprengen.

geschlossen, Lippen sind in Bewegung, Mundwinkel zucken, Köpfe nicken oder ändern die Haltung, Hände oder Füße geraten in Unruhe – und vieles andere mehr.

Wir nehmen unsere Umwelt nicht nur wahr, wir bewerten sie auch ständig. Sie ist für uns nicht schwarz-weiß, sondern wir färben sie sozusagen mit Gefühlen ein. Je intensiver diese Gefühle sind, desto wahrscheinlicher verankern wir das Erlebte oder Beobachtete im Langzeitgedächtnis. Was uns hingegen kaltlässt oder nur oberflächlich berührt, wird schnell wieder vergessen. Dies ist übrigens auch der Grund, warum der Mensch sich Negatives leichter merken kann als Positives. Alles, was nach Wunsch läuft, z. B. dass die Verkäuferin uns tagtäglich freundlich und höflich bedient, wird nicht emotional bewertet (weil man es – leider – für selbstverständlich hält). Ist sie jedoch eines Tages unwirsch oder patzig, so merken wir uns das unter Umständen für immer. Denn alles, was uns »gegen den Strich geht« oder uns überrascht, verwundert oder bedroht, wird sofort emotional bewertet – und hat damit größere Chancen, auch in späteren Zeiten noch erinnert zu werden.

Der Sinn dieser Erinnerung: Wir sollen daraus lernen und uns in Zukunft vor dieser Gefahr schützen! (Man denke an das Sprichwort: »Gebranntes Kind scheut das Feuer.«) Das ist auch der einfache Grund, weshalb die Mehrheit der Basisemotionen sich auf Negatives oder Bedrohliches bezieht: Ekel, Angst, Zorn, Trauer, Überraschung. Die Freude ist das einzige positive Basisgefühl – Gott sei Dank, wenigstens eines![17]

Was heißt das alles nun für die Körpersprache? Sie ist das Medium, mit dem wir den anderen signalisieren, *welche Gefühle wir ihnen gegenüber haben.*

An dieser Stelle seien zwei Fachbegriffe eingeführt, die der klaren Unterscheidung dienen: Körpersprache ist eine *analoge Kommunikationsform*, sie geschieht über ein oder mehrere *Zeichen*. Gesprochene Sprache ist hingegen eine *digitale Kommunikationsform*:

[17] Unser Professor für Klinische Psychologie pflegte zu sagen: »Der Mensch ist nicht auf Glück programmiert, sondern nur auf die Vermeidung von Unglück.«

Das, was wir sagen wollen, müssen wir *Wort für Wort* mitteilen.[18] Gesprochene Sprache setzt voraus, dass wir die Sprache gründlich gelernt haben, Körpersprache versteht in einem gewissen Rahmen jeder Mensch, selbst wenn nicht all seine Sinnesorgane intakt sind.

Blinde können z. B. den Mangel an visueller Wahrnehmung durch eine unglaubliche Verfeinerung ihres Gehörs und ihres Tastsinns in vielen Lebensbereichen ausgleichen. Schwerhörige oder Taube können lernen, genau hinzuschauen und Sprache von den Lippen abzulesen. Körpersprache kann von Tieren verstanden werden, von Kindern, von geistig behinderten oder dementen Menschen – und von allen, die unsere gesprochene Sprache nicht verstehen, weshalb man sich im Ausland »mit Händen und Füßen« verständigt.

Die Hirnforschung ist sich einig: Das Gefühlssystem des Menschen ist älter als seine »Denkkappe«, und Körpersprache ist evolutionsgeschichtlich viel älter als gesprochene Sprache. Sie verläuft spontan und unwillkürlich, ohne dass unser Bewusstsein und unsere höheren Denkfähigkeiten daran beteiligt sein müssen.

Das bedeutet: Wann immer wir mit einer Person sprechen, benutzen wir zwei höchst unterschiedliche Kanäle – die Worte und die Körpersprache. Dabei gilt im Normalfall folgende »Aufgabenteilung«: Worte (digital) werden für den *Inhalt* einer Nachricht verwendet (»Worum geht es? Was will ich dir sagen?«). Mit der Körpersprache (analog) teilen wir mit, was für begleitende Gefühle wir haben und wie wir zueinander stehen. »Digitale Kommunikation« kommt ganz oder größtenteils bewusst zustande, »analoge Kommunikation« dagegen wird sowohl unbewusst produziert als auch (vom Empfänger) unbewusst verarbeitet.[19]

---

[18] Der Unterschied zwischen analog und digital wird an einer Uhr erkenntlich. Bei einer Uhr mit Zifferblatt (= analog) macht das Gesamtbild deutlich, wie spät es ist, während bei einer Digitaluhr vier bis sechs Ziffern, die hintereinanderstehen, den genauen Zeitpunkt mitteilen.

[19] Vgl. Piet Vroon, Drei Hirne im Kopf, Zürich 1993, S. 262. Bei der sprachlichen Kommunikation wird der Neocortex (die Hirnrinde) eingesetzt, bei der körpersprachlichen Kommunikation ist das limbische System aktiv. Die beiden sind zwar nicht unverbunden, arbeiten aber jeweils sehr selbstständig. Deutlich wird diese Tatsache in der Erkenntnis des franz. Mathematikers und

Ein Beispiel: Wir fragen eine Bekannte, die wir auf der Straße treffen: »Wie geht es dir?« Sie antwortet mit matter Stimme, niedergeschlagenen Augen und hängendem Kopf: »Mir? Mir geht es prima!!« Was geschieht hier? Mit ihren *Worten* gibt uns die Frau eine klare Antwort auf unsere Frage. Mit ihrer *Körpersprache* signalisiert sie jedoch etwas ganz und gar anderes. Beides registrieren wir gleichzeitig – doch während wir die sprachliche Antwort bewusst hören (so wie wir auch bewusst gefragt haben), nehmen wir die Signale ihrer Stimme, ihrer Augen und ihrer Haltung zunächst nur unbewusst wahr.

Philosophen Blaise Pascal, der schon im 17. Jahrhundert feststellte: »Das Herz hat seine Gründe, welche die Vernunft nicht kennt.«

Regel 6: Sobald wir uns über Worte verständigen können, richten wir darauf unsere bewusste Aufmerksamkeit

Mit Worten lässt sich trefflich streiten,
Mit Worten ein System bereiten.

JOHANN WOLFGANG VON GOETHE

Warum kann man nicht einen Teil seiner Aufmerksamkeit bewusst auf die gesprochene Sprache richten und den anderen Teil gleichzeitig bewusst auf die Körpersprache – die eigene oder die des Gegenübers – konzentrieren? Das wäre ein großer Vorteil, denn wir könnten auf unsere Mitmenschen viel besser eingehen. Wir könnten, um bei dem eben genannten Beispiel zu bleiben, zu der Bekannten sagen:»Ich höre, dass du sagst, es geht dir prima – aber ich höre auch, dass deine Stimme sehr matt klingt. Ich bemerke, dass du mich nicht anschaust. Und ich sehe deine Haltung, die eher erschöpft auf mich wirkt. Täusche ich mich, oder kann es sein, dass es etwas gibt, was dich zurzeit sehr viel Kraft kostet?« Diese Rückmeldung wäre ausgezeichnet, denn sie wäre offen und einfühlsam, aber nicht urteilend und aufdringlich. Sie würde zu einem Gespräch einladen. Doch solch eine Antwort können wir in der Regel nicht geben. Nicht, weil wir uns nicht trauen würden – diese Antwort ist ja weder ein Angriff noch eine Beleidigung –, sondern *weil sie uns nicht einfällt.* Denn diese Antwort würde voraussetzen, dass wir uns nicht nur in wenigen Sekunden *bewusst machen*, welche körpersprachlichen Signale wir an unserer Bekannten beobachten, sondern dass wir diese Beobachtungen auch noch blitzschnell in klare Sprache übersetzen. Haben wir das gelernt? Wenn ja, so müsste dies unbewusst im Elternhaus oder bewusst und gezielt im Erwachsenenalter geschehen sein. Das ist selten der Fall.

Unsere bewusste Aufmerksamkeit kann sich aber – und das ist eine grundsätzliche Eigenschaft des menschlichen Gehirns, egal, ob bei Männern und Frauen – immer nur auf einen Gegenstand pro Zeiteinheit richten, so wie wir mit unserem Auge immer nur einen Punkt scharf fixieren können. Wenn Sie mit dem Auge in die Ferne schauen, wird alles in der Nähe verschwommen, und umgekehrt, wenn Sie in der Nähe etwas fixieren, wird alles entfernt Liegende unscharf.

Übertragen auf Körpersprache heißt dies: Sobald wir uns voll und ganz auf die gesprochene Sprache eines Menschen konzentrieren, können wir nicht gleichzeitig bewusst auch die Signale seines Körpers registrieren. Entweder – oder! Machen Sie doch einmal selbst den Versuch: Hören Sie jemandem zu, konzentrieren Sie sich dabei jedoch ausschließlich auf seine Mimik, seine Augen, seine Gestik, seine Haltung, seine Stimme. Sie werden merken, dass Sie nur noch einzelne Worte oder Satzteile mitbekommen. Es wird Sie Mühe kosten, den Sätzen zu folgen, die Ihr Gegenüber spricht, vor allem, wenn es längere und komplizierte Sätze sind.

Allerdings kann man lernen, hin- und herzupendeln, also aufmerksam auf die gesprochene Sprache zu achten und dann wieder auf die Körpersprache.[20] Genau das ist es, was geübte Menschenbeobachter tun.

In der Regel haben wir jedoch gelernt, ab dem Zeitpunkt, an dem wir uns die Muttersprache aneignen, auf die *gesprochene Sprache* zu achten. Dies gilt sowohl für die Worte, die wir äußern, als auch für die Mitteilungen, die andere uns machen. Anders gesagt: Wir haben gelernt, uns auf die Sach- oder Inhaltsebene zu konzentrieren (»Was willst du mir sagen? Welche Information will ich dir geben?«). Denn darauf müssen wir schließlich angemessen mit unseren Worten oder unserem Verhalten reagieren! Damit bleibt allerdings die Körpersprache dort, wo sie von Anfang an war: im Unterbewusstsein.

---

[20] Nur auf diese Weise können wir auch zwei Menschen scheinbar gleichzeitig zuhören – indem wir in Sekundenbruchteilen hin- und herwechseln zwischen dem Hören auf den einen und dem Hören auf den anderen. Die kurzen Lücken dazwischen füllen wir mit eigenen Vermutungen aus, was in der Zwischenzeit gesagt wurde. Dies gilt übrigens für Frauen ebenso wie für Männer, allerdings scheinen viele Frauen mit ihrer Aufmerksamkeit leichter von einem Punkt zum anderen wechseln zu können.

Regel 7: Wenn der Körper etwas anderes sagt als die Worte, schenken wir dem Körper mehr Glauben

Auch beim Lachen kann das Herz voll Kummer sein.

SPRÜCHE 14,13

Um noch einmal auf das oben erwähnte Beispiel zurückzukommen: Das, was unsere Bekannte auf die Frage »Wie geht es dir?« mit *Worten* antwortet (»Mir geht es prima!«), passt in keiner Weise zu den Signalen ihres *Körpers* (die übereinstimmend in eine andere Richtung weisen). Ja, man kann sogar sagen: Die Botschaften von Sprache und Körpersprache widersprechen sich! Jemand, dem es gut geht, ist von einer positiven Energie erfüllt, die sich über den gesamten Körper mitteilt. Ein Mensch, der viele Lasten mit sich herumschleppt oder gesundheitlich beeinträchtigt ist, braucht hingegen eine Menge Kraft, um mit diesem seelischen und/oder körperlichen Zustand fertig zu werden. Diese Kraft fehlt wiederum seinem gesamten Organismus.

Was aber denken oder fühlen wir, wenn die Körpersprache eines Gegenübers mit dem Inhalt seiner gesprochenen Sprache nicht übereinstimmt? Da wir unser Gegenüber höchst selten darauf ansprechen, müssen wir uns entscheiden, welchem Kommunikationskanal wir mehr Glauben schenken – dem sprachlichen oder dem nicht sprachlichen.

Und hier entscheiden sich die allermeisten Menschen intuitiv richtig, ohne lange nachzudenken: *Sie schenken der Körpersprache im Zweifelsfall mehr Glauben.* Sie würden also angesichts der Antwort »Mir geht's prima!« entweder denken: »Da stimmt doch etwas nicht!«, was man später oft mit den Worten kommentiert: »Irgendwie hatte ich ein komisches Gefühl dabei.« Möglicherweise würden sie sogar von dem Gedanken durchzuckt: »Da hab ich aber meine Zweifel!«, oder noch entschiedener: »Das ist nicht wahr.«

> **Warum ist es die richtige Entscheidung, im Zweifelsfall den Signalen des Körpers mehr Glauben zu schenken als den Worten, die jemand spricht?**
> Aus einem einfachen Grund: Da wir uns der Signale unseres Körpers weniger bewusst sind, können wir sie auch schlechter kontrollieren. Sie sind deshalb authentischer, man kann auch sagen: ehrlicher. Wobei zwei Regeln zu beachten sind:
> - Je weiter ein Körperteil vom Gesicht entfernt ist, desto schwerer können wir es bewusst kontrollieren – dies gilt vor allem für Hände und Füße.
> - Im Gesicht selbst ist die Mundpartie leichter zu kontrollieren als die Augenpartie.

Wenn wir mit unseren körperlichen Signalen andere Menschen täuschen wollen, so müssen wir dies gezielt einüben. Notorische Schwindler und Betrüger beherrschen solche Täuschungsmanöver in der Regel sehr gut. Professionelle Schauspieler oder Rhetoriker lernen, ihre nonverbalen Signale bewusst zu kontrollieren und einzusetzen. Es macht die besonders guten Schauspieler aus, dass sie beim Einsatz ihrer Körpersprache eine ungeheure Virtuosität erlangen.

> **Die Regel ist aber, dass wir lernen, in bestimmten Situationen bestimmte Gefühle *nicht* zu zeigen, z. B.:**
> - Wir gewöhnen uns an, nicht in jeder Situation unseren Ärger oder Zorn nach außen zu tragen, sondern verbindlich zu bleiben.
> - Wir lernen, unsere Traurigkeit unter Kontrolle zu bringen und nicht an jedem beliebigen Ort und zu jeder beliebigen Zeit in Tränen auszubrechen.
> - Wir lernen, Neid zu verbergen, auch wenn wir womöglich vor Neid schier platzen.

- Wir lernen »Haltung zu bewahren«, auch wenn wir innerlich ein Häufchen Elend sind.
- Wir lernen, keine Miene zu verziehen, auch wenn uns etwas, was wir sehen oder hören, sehr nahegeht.

»Nimm dich zusammen!« – das kann, ja muss ein Mensch im Lauf seines Erwachsenwerdens in bestimmten Situationen lernen. Schon der Ausdruck verrät einiges über den Kraftaufwand, den uns diese Gefühlsbeherrschung kostet. Allerdings, so fand man heraus, sind Menschen, die ihre Gefühle unterdrücken, oft so intensiv mit dieser schweren Aufgabe beschäftigt, dass sie in einem Gespräch unkonzentrierter sind und sich hinterher schlechter an das Gesprochene erinnern können. Offenbar wird ein Teil der Aufmerksamkeit durch die Bemühung, seine Gefühle zu verbergen, abgelenkt.[21]

Manchmal *verbergen* wir allerdings nicht Gefühle, sondern wir *täuschen Gefühle vor*, die wir gar nicht haben – wir versuchen es zumindest, denn leicht ist auch dies nicht. Wir heucheln vielleicht angesichts eines Geschenkes Begeisterung, obwohl wir eigentlich enttäuscht sind, oder täuschen angesichts einer Einladung Freude vor, obwohl wir ihr lieber fernbleiben würden. Wir zwingen uns zur Freundlichkeit, sind aber eigentlich voller Groll und Bitterkeit.

Es gehört zur Erziehungsaufgabe von Eltern, ihren Kindern beizubringen, eine gewisse Kontrolle über ihre körperlichen Signale und Äußerungen zu gewinnen. Das ist für den Umgang höflicher und zivilisierter Menschen unerlässlich. Allerdings schwankt das Ausmaß dieser anerzogenen Selbstbeherrschung von Kultur zu Kultur erheblich – in China und Japan wird ein wesentlich höheres Maß an Selbstkontrolle verlangt als beispielsweise in Europa. Besonders auffällig ist dort die ständige Bereitschaft, höflich zu lächeln. Sie wirkt auf Europäer maskenhaft. Auch die Bewohner der Vereinigten Staaten lächeln mehr und wirken dadurch freundlicher als wir Deutschen. Eine junge Amerikanerin, die für ein

---

[21] Vgl. Psychologie heute, Februar 2005, S. 15. Bei einem Vorstellungsgespräch oder einer Prüfung kann es deshalb ein Nachteil sein, wenn man zu aufgeregt ist und dies permanent zu verbergen versucht.

Jahr zu Gast in Deutschland war, stellte allerdings lapidar fest: »Die Deutschen sind ernster, aber ehrlicher als meine Landsleute.«

Abgesehen von kulturell erlernten nonverbalen Signalen, die auf bestimmte Situationen beschränkt sind, bleibt jedoch der allergrößte Teil unserer Körpersprache das, was er von Geburt an war: spontan, unwillkürlich und deshalb – ehrlich.

Und genau dies scheinen alle Menschen zu wissen, ohne dass es ihnen jemand beigebracht hat: dass man mit dem Körper schlechter lügen kann als mit der Sprache. Im Zweifelsfall, wenn also Körpersprache und Sprache nicht übereinstimmen, dürfen Sie deshalb mit Fug und Recht denken: »Die Botschaft hör ich wohl, allein mir fehlt der Glaube.«[22]

[22] J. W. v. Goethe, Faust. Der Tragödie erster Teil, Stuttgart 1977, S. 24.

Regel 8: Wenn uns die Körpersprache eines Menschen irritiert oder verunsichert, können wir auf seine Worte nicht mehr sachlich reagieren

Vor allen Dingen wache über dich, dass du nie die innere Zuversicht zu dir selber, das Vertrauen auf Gott, auf gute Menschen und auf das Schicksal verlierest! Sobald dein Nebenmann auf deiner Stirne Missmut und Verzweiflung liest – so ist alles aus.

ADOLPH FREIHERR VON KNIGGE

Ein neues Szenario: Sie unterhalten sich mit einem Kollegen und merken, dass er Ihrem Blick beharrlich ausweicht. Er schaut Sie einfach nicht an! Auf Ihre irritierte Frage: »Hast du was?«, bekommen Sie die Antwort: »Nö, alles in Ordnung.« Sie sind verunsichert und fragen sich, was hinter diesem doch sehr auffälligen Verhalten stecken könnte. Wenige Menschen fassen sich in dieser Situation ein Herz und fragen noch einmal ganz direkt und beharrlich nach: »Warum schaust du mich denn nicht an, wenn ich mit dir rede? Bist du innerlich mit etwas anderem beschäftigt? Habe ich dich mit irgendetwas verärgert?« Die meisten lassen sich jedoch von der nichtssagenden Antwort, dass alles in Ordnung sei, abspeisen, sind aber innerlich nicht beruhigt. Es bleibt die Frage: »Was steckt hinter diesem Verhalten? Was will er mir damit sagen? Oder verschweigt er mir etwas?« Nehmen wir an, Ihr Kollege wechselt auch noch abrupt das Thema und redet plötzlich über etwas ganz anderes. Wie wirkt sich Ihr emotionaler Zustand auf Ihre Aufmerksamkeit aus?

Sie werden vermutlich zum einen Ihrem Kollegen nur noch mit halbem Ohr lauschen, weil Sie innerlich noch zu sehr mit seinem auffälligen Verhalten beschäftigt sind. Zum anderen werden Sie alles, was er sagt, plötzlich mit anderen Ohren hören. Ihre bisherige Unbefangenheit ist verschwunden. Möglich ist, dass ein Gefühl des Ärgers (»Was soll das?«) oder des Misstrauens (»Warum bist du so ausweichend?«) in Ihnen hochsteigt. Die Folge: Ab sofort tritt die *Beziehungsebene* in der Kommunikation in den Vordergrund und die *Sachebene* (das bisherige Gesprächsthema) in den Hintergrund. Plötzlich »steht etwas« zwischen Ihnen und Ihrem Kollegen. Das Problem ist: Es wird dort so lange stehen bleiben, bis die Irritation ausgeräumt ist. Sollte dies im Gespräch nicht möglich sein, so wird auch bei der nächsten Begegnung etwas zwischen Ihnen stehen – nämlich exakt jene negative Emotion, die Ihr Gegenüber mit seinem Blickverhalten bei Ihnen hervorgerufen hat.

Genau solche Vorfälle sind es, die dazu führen, dass zwischen zwei Menschen irgendwann dicke Luft herrscht – so dicke Luft, dass sie bei der geringsten Kleinigkeit gereizt reagieren oder gar aus der Haut fahren. Verunsichernde Erfahrungen haben zur Folge, dass, wie es so schön heißt, irgendwann »die Chemie« nicht mehr stimmt – womit schon klar wird, dass es sich um Gefühle handelt und nicht um sachliche oder rationale Gründe.

Die Ursache für solche Entwicklungen ist immer die gleiche: Man nimmt in der Kommunikation mit einem Menschen dessen körpersprachliche Signale auf. Einige diese Signale interpretiert man so, dass am Ende ein negatives Gefühl steht (z. B. das Gefühl: »Du nimmst mich nicht ernst«). Dieses Gefühl speichert man im Gedächtnis und holt es bei der nächsten Begegnung mit dieser Person wieder hervor. Das Gefühl wirkt nun wie ein unbewusster Filter, der unsere gesamte Wahrnehmung prägt. Die Folge ist, dass die Begegnung von Anfang an belastet ist. Wir sind nicht mehr vertrauensvoll und unvoreingenommen. Unser Gefühl »nimmt uns gefangen«, es raubt uns die klare Sicht und die gelassene Aufgeschlossenheit, die für positive und konstruktive Begegnungen und Gespräche unerlässlich sind!

Es ließen sich unendlich viele Probleme zwischen Partnern, Familienmitgliedern, Freunden und vor allem Mitarbeitern und Kollegen vermeiden oder lösen, wenn wir uns klarmachen würden:

> *Sobald uns ein körpersprachliches Signal unseres Gegenübers beunruhigt und verunsichert, sobald wir uns dadurch angegriffen, missachtet oder gar verletzt fühlen, ist diese Beziehung gestört. Die Störung kann nur beseitigt werden, indem wir uns bewusst machen, was uns irritiert oder provoziert.*

Ein Beispiel: Wir kommen morgens ins Büro und eine Kollegin grüßt uns freundlich, während eine andere nur ein kurzes »Hallo« ohne Blickkontakt äußert. Wir sind irritiert und fragen uns (vor allem als Frau), was hinter diesem Signal stecken könnte. Wenn wir nur *uns selbst* diese Frage stellen, bauen wir ab sofort eine innere Barriere gegenüber der Kollegin auf. Die Kommunikation ist belastet, denn die Kollegin spürt ihrerseits unsere Reserviertheit. So fangen Verstimmungen und Kleinkriege im Büro an, bis hin zu Mobbingaktionen und Kündigungen, so beginnen Konflikte bis hin zu Trennungen und Anwaltskriegen in Ehe, Familie, Verwandtschaft, Freundschaft, Vereinen, Nachbarschaft etc.

Das Fatale daran ist: Haben wir erst einmal eine negative Emotion einem Menschen gegenüber entwickelt, bauen wir auch eine negative Erwartung ihm gegenüber auf. Dies hat zur Folge, dass auch unsere Körpersprache negative Signale sendet. Außerdem ist unsere Wahrnehmung verzerrt. Es kommt ein Teufelskreis in Gang, der erst nur seelische, dann aber zunehmend auch deutliche körperliche Auswirkungen auf die Beteiligten hat. Denn wer ständig angespannt und gereizt ist, sich abgelehnt oder angegriffen und infrage gestellt fühlt, ist im Dauerstress. Das hat langfristig schwere seelische und körperliche Erkrankungen zur Folge.[23]

---

[23] Dies ist – neben Zeit- und Leistungsdruck, Unsicherheit und Unzufriedenheit mit der Arbeit – sicher einer der Hauptgründe, warum psychische Störungen inzwischen zu immer mehr Krankschreibungen am Arbeitsplatz führen. Die körperlichen Auswirkungen von Verhalten, das als verletzend empfunden wird, habe ich in meinem Buch »Das verzeih ich dir (nie)«, Witten, 9. Aufl. 2009, ausführlich beschrieben. Dabei spielt es keine Rolle, ob wir ein Signal nur als verletzend *interpretieren* oder ob es tatsächlich so gemeint ist. Entscheidend ist die eigene Deutung.

Und wie können wir diesem Teufelskreis entkommen? Durch drei Schritte:

- indem wir uns bewusst machen, welches nonverbale Signal unseres Gegenübers bei uns welches Gefühl hervorruft.
- indem wir uns fragen, ob es noch andere Deutungsmöglichkeiten für dieses Signal gibt. Kein Signal hat nur eine einzige Bedeutung bzw. ist immer eindeutig.
- indem wir uns entscheiden, dieses Signal entweder nicht für wichtig anzusehen, dann ignorieren wir es in Zukunft. Falls wir diese Entscheidung nicht treffen können oder wollen, müssen wir unser Gegenüber auf sein Signal ansprechen und ihn fragen, wie wir es verstehen sollen. Hier ist allerdings nicht immer mit einer spontan aufrichtigen Antwort zu rechnen, weil der Gefragte sich der Signale, die er sendet, ja meist überhaupt nicht bewusst ist. Man sollte etwas Zeit vergehen lassen und, sofern sich nichts ändert, nochmals zu einem späteren Zeitpunkt darauf zu sprechen kommen.[24]

Spielen wir diesen »Dreischritt« noch einmal anhand einer konkreten Szene durch. Sie stellen Ihrer erwachsenen Tochter eine Frage. Ihre Tochter verzieht unwillig das Gesicht, bevor sie mit leicht gereizter Stimme antwortet. Sie registrieren, dass ihr irgendetwas an Ihrer Frage nicht passt. Wenn Sie sich diese Signale *nicht* ins Bewusstsein rufen, werden Sie irritiert und in der Folge etwas angespannt sein. Möglicherweise sind Sie nun Ihrerseits verstimmt und tragen diese Verstimmung in die nächste Kommunikation mit Ihrer Tochter hinein. Vielleicht aber sind Sie auch verunsichert und vermeiden in Zukunft ähnliche Fragen, um den Frieden zwischen ihr und Ihnen nicht zu gefährden. Auch dann ist die Atmosphäre allerdings nicht entspannt! Auf jeden Fall werden Sie auf die negative Emotion Ihrer Tochter unbewusst ebenfalls mit einer negativen Emotion reagieren (Furcht, Ärger, Verunsicherung …).

[24] Oft genügt es schon, dass wir ein Signal ansprechen, damit der andere es in Zukunft unterlässt!

Eine Reaktion entsprechend unserem Dreischritt würde dagegen bedeuten:

- Machen Sie sich im ersten Schritt klar, dass es die Mimik und die Stimme Ihrer Tochter sind, die Sie irritieren und das Gefühl in Ihnen hervorrufen, Ihre Frage sei unpassend oder unerwünscht.
- Überlegen Sie sich im zweiten Schritt, ob es noch andere mögliche Deutungen für das Signal Ihrer Tochter gibt. Falls Ihnen keine andere Interpretation einfällt, sollten Sie sich überlegen, was hinter der nonverbalen Mitteilung Ihrer Tochter stecken könnte. Sind Sie aus ihrer Sicht zu neugierig oder indiskret? Will sie Ihnen signalisieren, dass Sie das, was Sie wissen wollen, nichts angeht? Fragen Sie für den Geschmack Ihrer Tochter insgesamt zu viel? Oder ist das, was Sie wissen wollten, für die Tochter selbst ein schwieriges Kapitel, über das sie deshalb nur ungern redet?
- Da es viele Erklärungen gibt, ist es am einfachsten, Ihrer Tochter – dritter Schritt – zu gegebenem Anlass, wenn eine ähnliche Reaktion wiederkehrt, in sachlichem Ton eine dieser Fragen zu stellen. Eingeleitet werden könnte sie mit den Worten: »Du, ich bemerke, dass du immer, wenn ich dich nach … frage, leicht ungehalten reagierst. Ich habe deshalb das Gefühl, dass dir meine Frage unangenehm ist. Stimmt das?« Nun kann, ja muss Ihre Tochter Stellung beziehen und uns erklären, was ihre Körpersprache zu bedeuten hat.[25] Sollte sie ausweichend oder ärgerlich reagieren (»Was du immer hast!«), ist es wichtig, sich von dieser Zurückweisung nicht negativ beeinflussen zu lassen, sondern sachlich zu bleiben und deutlich zu machen, dass es Ihnen um ein besseres Verständnis Ihrer Tochter geht.

Im günstigsten Fall kann durch Ihre präzise Rückfrage die Sache geklärt werden. Das Problem steht nicht mehr zwischen Ihnen und Ihrer Tochter, Sie können wieder unvoreingenommen auf sie zugehen, ihr entspannt begegnen. Möglicherweise sind Sie sich sogar gegenseitig nähergekommen, verstehen einander auf einer tieferen Ebene.

---

[25] Das klare Benennen der eigenen Wahrnehmungen sowie der Gefühle, die sie in uns auslösen, ist auch das Grundgerüst der »Gewaltfreien Kommunikation«, die der Amerikaner Marshall B. Rosenberg entwickelt hat. Sie soll vor allem unnötige Missverständnisse und Verletzungen verhindern.

Regel 9: Kein Signal unseres Körpers ist für sich allein eindeutig

Er stellt sich vor sein Spiegelglas
Und arrangiert noch dies und das.
Er dreht hinaus des Bartes Spitzen,
Sieht zu, wie seine Ringe blitzen,
Probiert auch mal, wie sich das macht,
Wenn er so herzgewinnend lacht.

WILHELM BUSCH

Manche Bücher und Ratgeber zum Thema »Körpersprache« vermitteln dem Leser den Eindruck, als ob jede Geste, jedes Signal eines Menschen eindeutig eine bestimmte Botschaft beinhalten würde. Das ist Unsinn, solche Bücher erzeugen mehr Verwirrung als Klärung. Ein Beispiel: Wie würden Sie es interpretieren, wenn eine Bekannte, die Sie zufällig treffen, mit Ihnen redet und dabei die Arme verschränkt. Völlig verfehlt wäre, wenn Sie sofort denken würden: »Aha, verschränkte Arme, das ist eindeutig eine Abwehrhaltung, sie baut eine äußere Barriere vor mir auf, weil wahrscheinlich auch eine innere Barriere mir gegenüber besteht. Sie will mir also deutlich machen, dass sie ein Problem mit mir hat.«

In diesem Fall könnte ich Ihnen nur absolute Voreiligkeit bescheinigen. Welche weiteren Deutungsmöglichkeiten gibt es?

- Ihre Bekannte steht einfach gerne mit verschränkten Armen da, sie kann sich dabei gut konzentrieren – oder entspannen.[26]
- Sie will irgendwo ihre Hände unterbringen.
- Sie hat Rückenschmerzen und versucht, sich durch diese Haltung etwas Entlastung zu verschaffen.

---

[26] Von Goethe ist z.B. bekannt, dass er beim Reden gern die Arme *hinter* dem Rücken verschränkte. Das kann ein Signal der Reserviertheit und Distanz sein, muss es aber nicht.

- Sie friert und versucht sich auf diese Weise etwas vor der Kälte zu schützen.
- Sie hat bemerkt, dass sie einen Fleck auf dem Pullover hat und will ihn durch die verschränkten Arme verbergen.
- Sie trägt einen neuen Fingerring und will ihn »ins Rampenlicht rücken«, damit Sie ihn sehen und bewundern.

Zugegeben, die letzten beiden Deutungen sind nicht allzu wahrscheinlich, doch die ersten vier Deutungen haben einen durchaus ernsthaften Hintergrund. Ich selbst friere zum Beispiel leicht und verschränke aus diesem Grund oft die Arme. Es ist kein Signal meiner Emotionen, sondern das Signal eines körperlichen Zustandes. Deshalb: Vorsicht beim Deuten eines einzelnen Signals! Normalerweise ist unsere Körpersprache kongruent, das heißt, alle Signale gehen in die gleiche Richtung, bringen das gleiche Gefühl zum Ausdruck. Wenn wir traurig sind, vermitteln Gestik, Mimik, Haltung, Augen und vor allem Stimme und Sprechmelodie die traurige Verfassung. Solche Signale sind für den Beobachter relativ leicht zu deuten. Doch nicht all unsere Gefühle sind so intensiv und eindeutig wie Traurigkeit oder die anderen Basisemotionen.

Grundsätzlich kann man aber sagen: *Ein* körpersprachliches Signal allein genügt selten, um zu wissen, was im anderen vorgeht. Erst die Kombination mit anderen Signalen macht es eindeutiger. Wir sollten deshalb immer mehrere Signale ins Auge fassen und prüfen, ob ihre Botschaften in die gleiche Richtung weisen. Wer möglichst viele Merkmale zugleich berücksichtigt bei seinem Urteil, ist vor Fehleinschätzungen besser geschützt. Diese »Breitbandaufmerksamkeit« hilft auch, gespielte von echten Emotionen zu unterscheiden, denn bei gespielten Emotionen ist in der Regel, wie schon erwähnt, nur ein »Kanal« in Aktion.

Auch schwächere Gefühle oder »Mischgefühle«, die sich aus zwei oder gar drei Emotionen zusammensetzen, werden oft nicht mit dem ganzen Körper ausgedrückt, sondern nur über einen oder zwei Kanäle angedeutet. Eine verhaltene Freude kann sich beispielsweise nur in einem Aufleuchten der Augen oder einem leichten Lächeln äußern. Eine heimliche Enttäuschung kann in gesenktem Blick oder einer kraftlosen Körperhaltung signalisiert werden. In solchen Fällen wird die korrekte Deutung schwieriger. Erst recht ist dies der Fall, wenn unser Gegenüber versucht, sein Gefühl zu verbergen, es ihm aber nicht perfekt gelingt. Wir registrieren dann irgendein Signal – z. B. ein Zucken der Mundwinkel, eine bestimmte Handbewegung – und müssen buchstäblich raten, was damit angedeutet wird. Auch hier empfehle ich äußerste Vorsicht: keine vorschnellen und allzu überzeugten Erklärungen unsererseits! Wir sollten unsere eigenen Interpretationen als Vermutungen und nicht als Tatsachen behandeln. Denn Fehldeutungen, die man für Gewissheiten hält, können zu schwerwiegenden Irrtümern und Missverständnissen führen.

Es setzt eine tiefe Vertrautheit mit einem Menschen voraus, um bestimmte Einzelsignale richtig deuten zu können. Der schwäbische Schriftsteller Karl Götz erzählt in seinen Erinnerungen, dass er einmal einem alten schwäbischen Bauern Grüße von seinem Sohn aus den Vereinigten Staaten überbrachte. Die beiden waren im Streit auseinandergegangen, seit Jahren herrschte Funkstille. Der Bauer ging nach dieser Nachricht aus der Stube, und man konnte hören, dass er vor sich hin pfiff. »Das hat er nicht mehr getan, seit unser Sohn weggegangen ist«, sagte seine Ehefrau bewegt zu Karl Götz.[27] Nur sie konnte dieses kleine Signal treffsicher interpretieren!

---

[27] Karl Götz, Schwäbisch von A bis Z, Bodman 1979, S. 64.

Regel 10: Keinem Menschen ist es gleichgültig, wie andere Menschen emotional zu ihm stehen – deshalb interessiert ihn die Körpersprache

Wenn Sie wissen wollen, was eine Frau wirklich meint – was übrigens immer ein gefährliches Unternehmen ist –, sehen Sie sie an und hören Sie ihr nicht zu.

Oscar Wilde

Wir erinnern uns: Jede Kommunikation ist ein zweigleisiges Geschehen. Die gesprochene Sprache ist für Informationen, das heißt für die sogenannte Sachebene, zuständig.[28] Die Körpersprache hingegen ist für die Emotionen, das heißt für die sogenannte Beziehungsebene, reserviert. Ein Beispiel: Ihr Partner fragt Sie: »Sag mal, weißt du, wo ich meinen Autoschlüssel hingelegt habe?« Sie sitzen gerade im Garten und wissen, wo er liegt. Ihr Partner fragt Sie sehr oft, wo er seinen Autoschlüssel hingelegt hat. Mit Ihrer Körpersprache können Sie Ihrem Mann nicht klarmachen: »Dein Schlüssel liegt im Badezimmer neben dem Waschbecken!« Also müssen Sie es ihm *sagen*. Aber *wie* sagen Sie es? Nehmen wir an, Sie ziehen leicht genervt die Augenbrauen hoch und heben gleichzeitig Ihre Stimme an, während Sie antworten. Als Steigerung könnten Sie auch noch die Augen verdrehen. Damit vermitteln Sie ihm auf der Beziehungsebene eine deutliche Information: Seine Frage löst negative Gefühle in Ihnen aus, erstens, weil er viel zu oft seinen Schlüssel sucht, und zweitens, weil er sich die Frage sparen

---

[28] Das gilt natürlich nicht, wenn man Sprache benutzt, um einem anderen Menschen ausdrücklich mitzuteilen, wie man emotional zu ihm steht. Dies ist vor allem bei großer Anziehung und großer Abneigung und großem Ärger der Fall. Da wir uns jedoch meist in der emotionalen Mittellage befinden, bleiben solche in klare Worte gefassten Gefühlsbotschaften eher die Ausnahme.

könte, wenn er den Schlüssel immer dort deponieren würde, wo er hingehört, nämlich am Schlüsselbrett im Flur.

Fazit: Auf der Sprachebene bekommt Ihr Mann eine klare Sachinformation, auf der Beziehungsebene bekommt er eine negative (nämlich leicht genervte oder vorwurfsvolle) Gefühlsinformation. »Augenblick mal«, könnten Sie nun einwenden, »merkt mein Mann das überhaupt, dass ich leicht genervt bin? Da habe ich meine Zweifel!« Die Frage ist nicht unberechtigt. Es spricht einiges dafür, dass Männer sich in der Kommunikation wesentlich stärker als Frauen auf die Sachebene konzentrieren und dafür die Beziehungsebene weit weniger beachten (außer sie interessieren sich für die Frau!). Bei Frauen ist das Gegenteil der Fall: Sie haben ein besonders sensibles Ohr für die Beziehungsebene, während die Sachebene für sie oft erst an zweiter Stelle kommt.[29]

Es ist keineswegs so, dass Männer die Beziehungssignale ihres Gegenübers nicht *wahrnehmen*. Doch es scheint, als ob sie diese Signale nicht so gründlich auswerten oder ihnen nicht so viel Aufmerksamkeit schenken, wie Frauen dies tun.[30] Man könnte auch im Bild eines stufenlos drehbaren Lichtschalters sagen: Männer sind eher bestrebt, die Emotionsebene so lange wie möglich »herunterzudimmen«, während Frauen sie von Anfang an »hochdrehen«. Dieses Verhalten hat vermutlich zwei Gründe: Zum einen sind Männer in der Regel nicht so auf das Gegenüber ausgerichtet. Man kann auch sagen: Sie sind nicht so beziehungsorientiert wie Frauen. Zum anderen haben sie im Umgang mit eigenen und fremden Gefühlen häufig größere Schwierigkeiten als Frauen – weshalb sie emotionalen Signalen dementsprechend eher ausweichen.[31] In-

---

[29] Vgl. dazu mein Buch »Ein Mann – (k)ein Wort«.

[30] Selbst im schwäbischen Dialekt gibt es, wie die Forschungen des Tübinger Dialektwissenschaftlers Arno Ruoff zeigten, Unterschiede in der Art, wie Männer und wie Frauen sprechen. Männer bringen z.B. häufiger präzise Orts- oder Zeitangaben als Frauen, was ihr Interesse an der Sachinformation deutlich macht. Frauen hingegen sprechen in kürzeren Sätzen, was meines Erachtens ihre Beziehungsorientierung andeutet: Wer kürzer spricht, ist stärker am Dialog interessiert. Quelle: Schwäbisches Tagblatt vom 20.8.2010.

[31] Axel Wolf spricht hier von einer »Motivationslücke« bei Männern: »Im Alltagsleben sind Frauen einfach viel interessierter daran als Männer, das zu

dem sie Gefühle ignorieren, schützen sie sich quasi vor entsprechender Überforderung – und vor unliebsamen Wahrnehmungen oder Komplikationen.[32] Beide Neigungen, sowohl das »Herunterdimmen« der Männer als auch das »Hochdrehen« der Frauen, haben in bestimmten Situationen durchaus Vorteile und in anderen Lebenslagen erhebliche Nachteile.

Beginnen wir mit der hohen weiblichen Aufmerksamkeit für die Beziehungsebene: Immer dann, wenn die Beziehung zwischen zwei Menschen eine wichtige Rolle spielt, ist es klug, die gegenseitigen Signale auf dieser Ebene sehr genau wahrzunehmen und auszuwerten. Das gilt für all jene Menschen, die für unsere Lebensgestaltung und unser Wohlergehen von Bedeutung sind. Was aber die hohe männliche Aufmerksamkeit für die Sachebene anbelangt: Wenn ein Mensch weder für unsere Lebensgestaltung noch für unser Wohlergehen besonders wichtig ist (und wir auch nicht für ihn), vereinfacht es die Kommunikation erheblich, wenn wir die Beziehungsebene in den Hintergrund stellen und uns auf die Sachebene konzentrieren. Dies ist z.B. bei beruflichen Kontakten angemessen, weswegen Männer sich im Umgang mit Kollegen oft leichter tun als Frauen im Umgang mit Kolleginnen. Am Arbeitsplatz ist es durchaus von Vorteil, das Verhältnis zu den Mitarbeitern auf die Sachebene zu konzentrieren und sich ansonsten um gleich bleibende Freundlichkeit und Fairness zu bemühen. Auch

---

verstehen, was gerade in anderen vorgeht, was sie denken und fühlen (…). Männer können sich sehr wohl in andere hineindenken – aber nur, wenn sie wollen. Das Problem ist, dass sie diesen Wunsch im Alltag nicht so oft verspüren.« Aus: »Menschenkenntnis – Die alltägliche Kunst des Gedankenlesens«, in: Psychologie heute, August 2010, S. 27.

[32] Dazu wurde von dem Wiener Verhaltensforscher Karl Grammer ein interessantes Experiment gemacht: Männern wurde von Frauen per Körpersprache signalisiert, dass sie an einem Kontakt Interesse hätten. Die Männer waren noch in der Werbungsphase und registrierten diese Signale deshalb sehr genau. Sie näherten sich den Frauen an, und plötzlich begannen die Frauen, deutliche Abwehrsignale (»Kein Interesse!«) zu senden. Diese Abwehrsignale wurden von einem Großteil der Männer nicht mehr registriert, da die Männer inzwischen so von der Überzeugung beherrscht waren, bei den Frauen Chancen zu haben, dass sie die Aufmerksamkeit für die weibliche Körpersprache schon wieder »heruntergedimmt« hatten.

Kunden, Patienten oder Klienten müssen uns nicht persönlich sympathisch sein – und wir nicht ihnen (obwohl dies die Arbeit mit ihnen natürlich leichter macht). Es reicht, wenn sie sich von uns angemessen und kompetent betreut und behandelt fühlen.

Doch unterschwellig beeinflussen unsere Emotionen immer auch unser Verhalten und unsere Gedanken. Denn kein Mensch, und sei er noch so intellektuell ausgerichtet, ist ein reines Vernunftwesen oder eine seelenlose Maschine, auch nicht am Arbeitsplatz. Jeder von uns hat Gefühle, ganz besonders, wenn er oder sie es mit Menschen zu tun hat.

In einem Schweizer Magazin las ich kürzlich ein Porträt von Lorenz Erni, einem der erfolgreichsten Strafverteidiger der Schweiz, der berühmt ist für seine brillanten intellektuellen und analytischen Fähigkeiten. Als Summe seiner langen Berufserfahrung mit vorwiegend männlichen Mandanten, Anwälten und Richtern sagte er: »Die Meinung eines Menschen ist immer von seinen Gefühlen abhängig.«[33] Wer etwas vom Menschen versteht, ist darüber nicht erstaunt!

Grundsätzlich gilt: Wir alle wollen uns auf der emotionalen Ebene von anderen Menschen wertgeschätzt und geachtet fühlen. Es ist uns nicht gleichgültig, ob sie uns und unsere Bedürfnisse respektieren oder nicht, ob sie uns gegenüber feindselig sind oder nicht. Es ist uns selbst dann nicht gleichgültig, wenn wir diese Menschen möglicherweise nur einmal in unserem Leben für kurze Zeit sehen (denken wir an die Krankenschwester, die uns in der Klinik betreut). Der Grund dafür liegt darin, dass wir uns in Gegenwart anderer Menschen *sicher fühlen* möchten. Das kann nur der Fall sein, wenn uns von diesen Menschen nichts Böses droht, sondern wenn wir ihnen zumindest teilweise vertrauen können.

Um das Beispiel der Krankenschwester aufzugreifen: Solange wir als Patient im Krankenhaus liegen, trägt sie für uns eine gewisse Verantwortung, deswegen wollen und müssen wir ihr auch Vertrauen entgegenbringen. Wirkt sie aufmerksam, freundlich,

---

[33] DAS MAGAZIN, 19.6.2010.

respektvoll und gewissenhaft auf uns, so fühlen wir uns bei ihr im wahrsten Sinn des Wortes in guten Händen und können entspannt sein. Erleben wir sie hingegen als unaufmerksam, unfreundlich, barsch und wenig sorgfältig, so werden wir wenig Vertrauen aufbringen und uns nicht besonders wohl unter ihrer Obhut fühlen. Wir achten deshalb aus gutem Grund sehr genau auf die körpersprachlichen Signale, die eine Krankenschwester aussendet.

So wie es Grundemotionen beim Menschen gibt, so gibt es nämlich auch seelische Grundbedürfnisse. Das Bedürfnis nach Sicherheit gehört ebenso dazu wie das Bedürfnis nach Wertschätzung. Da vor allem Wertschätzung am deutlichsten über die Körpersprache signalisiert wird, sind wir alle bei einer Kommunikation zwar bewusst auf die Sprache konzentriert, unbewusst interessiert uns (Frauen wohl noch etwas mehr als Männer) jedoch zunächst einmal die Beziehungsebene: »Wie stehst du zu mir? Bist du mir wohlgesonnen?« Wenn die Antwort, die wir der Körpersprache unseres Gegenübers entnehmen, positiv ausfällt, können wir uns getrost und entspannt der Sachebene zuwenden. Fällt die Antwort aber unklar oder negativ aus (wir wissen nicht, woran wir sind, oder nehmen eher abweisende und abschätzige Signale wahr), so wird es uns schwerfallen, uns auf die Sachebene zu konzentrieren.

Ich erinnere mich, als ich zum ersten Mal eine neue Friseurin aufsuchte. Dank des Spiegels vor mir konnte ich ganz genau beobachten, wie sie sich meinen Haaren näherte. Wie war ihr Blick, wie fasste sie meine Haare an? Waren da Engagement und freundlicher Respekt zu erkennen oder eher die Haltung: »Bringen wir's hinter uns«? In welchem Ton stellte sie mir die Frage: »Was soll gemacht werden?«? War hier Einfühlung herauszuhören oder nur gelangweilte Routine? Suchte sie dabei Augenkontakt mit mir? – Die ersten Minuten der Beziehungsaufnahme sollten mit darüber entscheiden, ob ich mich in der nächsten Stunde eher entspannt zurücklegen oder leicht verkrampft darauf achten würde, dass sie auch ja alles so machte, wie ich es wollte (denn eine verunglückte Frisur kann einer Frau ganz schön die Laune verderben). Ja, diese

Beziehungsaufnahme entscheidet – abgesehen vom Endresultat – auch darüber, ob ich wiederkomme!

Interessanterweise, so haben Forscher herausgefunden, reagiert unser Gehirn auf negative Emotionen anderer Menschen sensibler als auf positive Signale. Die einleuchtende Erklärung lautet: »Es ist für unser Überleben immer wichtiger gewesen, Angst, Sorge, Enttäuschung, Ressentiment oder Wut eines anderen Menschen zu erspüren, als dessen gute Laune. Negative Signale lassen uns buchstäblich aufhorchen und genau hinsehen; sie aktivieren uns und machen uns notfalls kampf- oder fluchtbereit«[34] – ein weiterer Beweis, wie genau wir die Emotionsbotschaften eines anderen Menschen beobachten.

Ein letzter Gedanke: Wäre die menschliche Kommunikation nicht wesentlich einfacher, wenn wir einander, sofern es sinnvoll und angebracht ist, mit Worten mitteilen würden, wie wir zueinander stehen? Wenn wir unsere Gefühle nicht vorwiegend nonverbal kommunizieren würden? Oh ja, das wäre sie – *allerdings nur in den Fällen, in denen wir positive Gefühle füreinander hegen.* Doch stellen Sie sich vor, jeder würde dem anderen direkt und ungefragt mitteilen, welche negativen Gefühle und Gedanken er ihm gegenüber hat! Schon Wilhelm Busch warnte davor mit den Worten: »Und denkst du, sei ein stiller Denker. Nicht leicht befördert wird der Stänker.«[35]

> *Ich bin allerdings der Meinung, dass unsere Begegnungen und Gespräche mit anderen Menschen komplikationsloser verlaufen würden, wenn wir lernen könnten, uns Gefühle bewusst zu machen und sie, wenn es hilfreich ist, dem anderen freundlich und klar mitzuteilen. Dabei sollten wir allerdings erklären können, weshalb wir ein Gefühl haben (was nicht gerade einfach ist).*

Außerdem müssen wir unsere Botschaften, wenn es nicht um uns selbst, sondern um unser Gegenüber geht, als *Eindruck und*

---

[34] »Menschenkenntnis – Die alltägliche Kunst des Gedankenlesens«, in: Psychologie heute, August 2010, S. 25f.
[35] Wilhelm Busch, Kritisch-Allzukritisches, Frankfurt am Main 1978, S. 124.

Vermutung formulieren: »Ich empfinde das, was du sagst, als ...«; »Dein Verhalten weckt bei mir das Gefühl ...«; »Dein Blick wirkt auf mich ....«. Wichtig ist, dass unsere Mitteilungen immer mit der Frage abschließen: »Liege ich da richtig, oder nimmst du es ganz anders wahr?« Alles andere wäre Rechthaberei und würde nur in unfruchtbare Diskussionen und Streit münden.

Doch die Krux ist: Wir erlernen zwar eine Muttersprache, aber wir lernen damit jedoch nicht automatisch, mithilfe der Sprache unsere Gefühle ins Bewusstsein zu holen. Das wäre sozusagen ein »Sprachkurs für Fortgeschrittene«. Um ihn zu absolvieren, bedürfte es entsprechender Förderung und Vorbilder. Wir brauchen wenigstens einen Menschen, der uns ein Modell dafür ist, dass man Gefühle auch benennen kann und darf. Der, statt aufgebracht mit den Türen zu knallen, uns sagt: »Ich bin wütend, und ich sage dir auch, weshalb.« Der, statt beleidigt in Schweigen zu verfallen, uns mitteilt: »Es kränkt mich, was du da gesagt oder getan hast, und ich sage dir auch, weshalb.« Der, statt uns nur hin und wieder freundlich in den Arm zu nehmen, auch mal bekundet: »Ich freue mich, wenn ich dich sehe. Du bist so wichtig für mich!«[36] Kinder, die solche Eltern als Vorbilder hatten, dürften im späteren Leben vermutlich weniger Schwierigkeiten haben, auch ihre eigenen Gefühle zu benennen. Wie wichtig dies gerade bei der Gestaltung unserer Beziehungen ist, muss wohl nicht mehr extra betont werden.[37] Sehen Sie es deshalb als wichtiges Lebensziel an, sich in die Kunst einzuüben, Ihre eigene Körpersprache und die Körpersprache Ihrer Mitmenschen bewusster wahrzunehmen, bewusster zu gebrauchen und gegebenenfalls auch bewusst zur Sprache zu bringen. Sie werden sich viele Probleme ersparen und viel Unterhaltsames erleben!

[36] Wobei man natürlich mit Worten auch leicht über- oder untertreiben oder gar täuschen und lügen kann.

[37] Vgl. »Ein Mann – (k)ein Wort«, a.a.O., wo es um die Gestaltung der Beziehungsebene in Partnerschaften geht, die extrem stark von der Bereitschaft abhängt, Gefühle anzusprechen und auszusprechen.

Die fünf wichtigsten Bereiche der Körpersprache

1. Raumanspruch, Revierverhalten und Haltungen

Der Gang des Menschen offenbart,
was an ihm ist.

SIRACH 19,30

Raumanspruch und Revierverhalten (Proxemik)

Wer fährt bei den Ehepaaren, die Sie kennen, das größere Auto (Familienkutschen zwecks Kindertransport einmal ausgeklammert)? Wer hat in der Firma, in der Sie arbeiten, das größte Zimmer, den größten Schreibtisch? Was zeichnet die erste Klasse in Bahn und Flugzeug aus? Und wenn Sie neben einem Mann im Flugzeug oder Konzertsaal sitzen: Wer besetzt die gemeinsame Armlehne?

In all diesen Fällen gilt: Der Ranghöhere, der Mächtigere, der Bessergestellte beansprucht viel Platz, und der Rangniedrigere respektiert dies und gibt ihm gegebenenfalls etwas von seinem »Territorium« ab. Das ist auch bei den Tieren so. Das ranghöchste Tier in einer Herde wird oft daran erkannt, dass es eine größere Distanz zu den anderen Tieren einnimmt, d.h., es beansprucht ein größeres Areal für sich. Man kann sagen: Über viel Raum zu verfügen ist gleichbedeutend mit einem höheren Status. Das fängt bei unseren Wohnungen an, man denke nur an völlig überdimensionierte Häuser oder an alte Schlösser. Die Besitzer schmück(t)en sich in der Regel mit vielen und großen Räumen und Gärten (und besitzen meist noch Zweitdomizile an anderen Orten). Ihre

Angestellten müssen sich dagegen oft mit winzigen Behausungen zufriedengeben. Auch in gutbürgerlichen Haushalten, in denen früher meist Dienstpersonal beschäftigt war, zeigte sich an den kärglichen Unterkünften für das Personal: Wer auf der sozialen Leiter weit unten stand, durfte auch nur wenig Raum beanspruchen.

Tradition war – und ist teilweise – auch, dass bei der Essenstafel das Familienoberhaupt den Platz am Kopfende des Tisches einnimmt, der dem dort Sitzenden besonders viel Bewegungsfreiheit und den besten Überblick erlaubt. Bei Beratungen, an denen eine Hierarchie der Sitzplätze gezielt vermieden werden soll, wählt man deshalb heute gern einen »runden Tisch« (was inzwischen zum feststehenden Begriff wurde, selbst wenn der Tisch gar nicht rund ist).

Der große Raumanspruch der Bessergestellten wird sogar auf die Straße ausgedehnt. War früher ein stattlicher »Daimler« ein Statussymbol, sind es nun bullige Jeeps, die die wirtschaftliche Potenz ihrer Besitzer demonstrieren sollen. Mehr Platz einzunehmen und zu haben, als man braucht, symbolisiert immer noch Wohlstand, steht aber auch für Spielraum und Freiheit.

Das zeigte sich früher auch in der Kleidung: Üppige Kleider in mehreren Schichten (womöglich noch mit ausladender Krinoline), die enorme Mengen an Stoff verbrauchten, konnte sich nur der Adel – und später der Geldadel – leisten. Wallende Gewänder, ebenfalls durch Stofffülle und weiten Umfang (sowie durch edle Materialien) charakterisiert, waren immer ein Merkmal der Reichen und Herrschenden. Selbst in den einst obligatorischen Kopfbedeckungen wurde und wird Überfluss demonstriert. Schaut man sich die Hüte der Damen an, die noch heute beim jährlichen Pferderennen von Ascot in Großbritannien zur Schau getragen werden, so fällt in vielen Fällen auf, dass sie reichlich überdimensioniert sind – ein Hinweis auf die Bedeutsamkeit und den Wohlstand ihrer Besitzerinnen, denn solche »Wagenräder« sind unpraktisch, teuer und keine Massenware.

Heute ist, was Kleidung betrifft, zumindest bei Frauen meist der gegenteilige Trend zu beobachten: Sie ziehen sich möglichst eng anliegende Kleidungsstücke an, die ihre weibliche Formen oder ihre Schlankheit (oder beides) betonen sollen. Dagegen ist nichts zu sagen, nur wird in puncto Raumanspruch damit etwas signalisiert, was nicht unbedingt zum Vorteil der Frau gereicht, nämlich: »Ich bin ganz schmal, ich beanspruche sehr wenig Platz!« Das heißt aber in der Symbolik der Körpersprache: »Ich bin nicht so wichtig bzw. ich habe wenig Macht.« Hinzu kommt, dass beispielsweise Miniröcke die Frauen zwingen, mit eng aneinandergestellten oder übergeschlagenen Beinen zu sitzen, d.h., sie machen sich in ihrer Körperhaltung noch schmaler. Auch damit vermitteln sie unfreiwillig den Eindruck, eher unbedeutend zu sein!

Raumanspruch spielt sich jedoch nicht nur im Sitzen und Stehen, sondern auch im Gehen ab. Wenn Sie einem Mann auf der Straße entgegengehen – wer weicht wem eher aus? Grundsätzlich macht – wie im Tierreich – der Schwächere dem Stärkeren Platz. Tatsächlich weichen Frauen viel häufiger den Männern aus als die Männer den Frauen. Ohne dass den Frauen es bewusst ist, senden sie damit ein »Unterwerfungssignal«. Dass es beim Ausweichen in der Tat auch um Dominanz geht, lässt sich beobachten, wenn Jugendliche, möglichst noch mehrere nebeneinander, durch eine Fußgängerzone gehen. Wenn ich ihnen entgegenging, wurde mir wiederholt klar: Sie legten es darauf an, dass die Entgegenkommenden ihnen widerstandslos Platz machen. Das ist ein – wohl unbewusstes – Machtspiel, und ich mache mir des Öfteren den Spaß, bewusst *nicht* auszuweichen und mit freundlich-unbewegter Miene meinen Kurs unbeirrt beizubehalten. Es kann mir zwar passieren, dass ich dabei einen der Jugendlichen im Vorübergehen leicht streife, aber meist weichen sie – wenn auch überrascht – im letzten Moment aus. Körpersprachlich gesehen habe ich signalisiert: »Ich bin so selbstbewusst wie ihr!« Dies *bewusst* einzuüben ist wichtig, und dazu bietet der öffentliche Raum viele Gelegenheiten.

Auch wenn es um die Raumaufteilung bei einem Hausbau geht, fällt auf, dass für Kinder selbstverständlich jeweils ein Einzelzimmer vorgesehen ist, während für die Erwachsenen neben dem gemeinsamen Schlafzimmer meist nur die von der ganzen Familie genutzten Räume zur Verfügung stehen. Ist ein Arbeitszimmer oder »Hobbyraum« vorgesehen, so wird dieser nach meiner Beobachtung häufiger den Männern als den Frauen zugeschlagen; für die Frauen bleibt allenfalls ein »Hauswirtschaftsraum«, in dem sie Wäschetrockner, Bügelbrett, Nähmaschine und ähnliches Gerät aufstellen dürfen. Zu meiner nicht geringen Verwunderung verzichten viele Frauen selbst dann, wenn die Kinder ausbildungsbedingt das Haus verlassen, darauf, eines der Kinderzimmer umgehend zu einem Refugium für sich selbst umzufunktionieren. Stattdessen wird das Zimmer – oft unverändert – noch für etliche Jahre den Kindern reserviert, falls diese einmal geruhen sollten, zu Hause zu übernachten.

Meines Erachtens ist es für das gedeihliche Zusammenleben in Partnerschaft und Familie sowie für die eigene Psychohygiene jedoch von großem Vorteil, wenn jedes erwachsene Familienmitglied ein Zimmer – und sei es noch so bescheiden – für sich hat, in das es sich bei Bedarf zurückziehen kann.

Revier

Jeder Mensch hat einen persönlichen Raumanspruch, der nichts mit Macht und Dominanz zu tun hat: Es ist der Abstand, den wir zu unseren Mitmenschen einnehmen (möchten). Diese Distanz ist umso geringer, je vertrauter uns ein Mensch ist, und sie ist umso größer, je mehr »inneren Abstand« wir zu einer Person haben.

Vier Distanzzonen werden unterschieden, die deutlich machen, wie fein abgestuft unser Empfinden für angemessene Nähe ist, wobei die angegebenen Entfernungen sehr stark von Mensch zu Mensch variieren können[38]:

• Öffentliche Distanz: Befinden wir uns an öffentlichen Orten oder sind uns die anderen Menschen fremd, so halten wir zu ihnen, wenn es möglich ist, mindestens drei bis dreieinhalb Meter Abstand ein. Das machen wir fast automatisch, wenn wir in einem Museum etwas betrachten oder wenn wir am Strand oder im Freibad unser

---

[38] Auch von Autor zu Autor weichen sie bis zu 30 cm voneinander ab!

»Quartier« aufschlagen. Dieser große Abstand kann natürlich in vielen Fällen, z. B. in überfüllten Verkehrsmitteln oder an überfüllten Orten, nicht eingehalten werden. Nicht jeder Mensch kommt damit klar, sich eingeengt zu fühlen. Viele entwickeln hier schnell ein Gefühl des Unwohlseins bis hin zur Panik – und meiden deshalb solche Menschenansammlungen. Man nennt dieses Gefühl, wenn es zu schnell und zu heftig auftritt, »Klaustrophobie«, d. h. die Furcht vor Enge und Eingeschlossensein (im Volksmund gern »Platzangst« genannt, obwohl es genau genommen »Fehlender-Platz-Angst« heißen müsste).[39]

- Soziale Distanz: Bei Menschen, die uns zwar weitgehend fremd sind, mit denen wir aber kommunizieren, halten wir, wenn möglich, zwischen 120 und 220 Zentimeter Abstand ein. Beispielsweise, wenn wir mit einer Kollegin am Arbeitsplatz sprechen oder uns auf einer Geburtstagseinladung mit einem der anderen Gäste unterhalten.

- Persönliche Distanz: Sie wird bei all jenen Personen eingenommen, die uns lieb und vertraut sind, wozu vor allem Verwandte, Familienangehörige und Freunde/Freundinnen gehören. Hier *steht* man sich seelisch so nahe (!), dass je nach Vertrautheit ein Abstand zwischen 50 und maximal 120 Zentimeter eingenommen wird. Deutlich wird bei dieser geringen Entfernung, dass man einander nicht nur vertraut *ist,* sondern auch zueinander Vertrauen *hat.* Denn in diesem Abstand könnte unser Gegenüber uns unvermittelt angreifen (z. B. einen Schlag versetzen), und tief in uns steckt noch die Vorsicht, bei Fremden so viel Abstand einzunehmen, dass dies nicht ohne Weiteres möglich ist.

- Intime Distanz: Sie ist für die »Allerliebsten« reserviert und beträgt zwischen 0 und maximal 50/60 Zentimeter. Wir nehmen sie ein, wenn wir jemandem ganz besonders nahe sein, ihn liebkosen, umarmen, trösten oder ihm beistehen (!) möchten.

---

[39] Interessanterweise gibt es auch die gegensätzliche Furcht, nämlich vor dem »Verlorensein« auf weiten Plätzen, genannt »Agoraphobie«.

Fazit: Je näher uns jemand innerlich steht, desto näher darf er uns auch äußerlich stehen!

Niemand hat uns je diese Abstände gelehrt – wir beobachten sie an den anderen, und die Beachtung der Abstände geht uns im Lauf unseres Erwachsenwerdens sozusagen in Fleisch und Blut über. Es ist ein unbewusstes Lernen, das immer dann sofort Gefühle von Unwohlsein und Missfallen bis hin zu Aggression auslöst, wenn jemand in unserem Umfeld diese Abstände nicht einhält, uns sozusagen »auf die Pelle rückt«. Wir sind dann irritiert und versuchen nach Möglichkeit, wieder Distanz zu gewinnen. Der andere begeht nämlich in diesem Fall eine »Revierverletzung«, er respektiert den unsichtbaren Raum, den wir um uns herum beanspruchen, nicht.

Unter welchen Umständen kommt es zu Revierverletzungen?

- Wenn jemand uns zu spät bemerkt, also aus Versehen. In diesem Fall muss allerdings ein Entschuldigungssignal erfolgen (ein Lächeln oder ein kurzes »Pardon« reichen schon).
- Wenn jemand einer anderen Kultur angehört. Ein Beispiel: Immer wieder habe ich im Supermarkt in einer Schlange vor der Kasse gestanden und hatte das Gefühl, dass die fremde Person hinter mir in meine »persönliche Zone« eintritt. Ich wandte mich um und stellte fest, dass es sich bei dieser Person um einen Südeuropäer oder Orientalen handelte. Offenbar ist das Distanzbedürfnis nicht bei allen Völkern gleich ausgeprägt (auch Südamerikaner haben weniger davon). Deutschland gehört – wie die meisten westeuropäischen Länder samt den Vereinigten Staaten – zu den Nationen mit hohem Distanzbedürfnis, wobei es auch hier von Region zu Region Unterschiede gibt. Schwaben setzen sich beispielsweise in einem Restaurant meist nicht freiwillig an einen Tisch, an dem schon jemand sitzt, während dies, wie man mir sagte, im – wohl kontaktfreudigeren – Rheinland gang und gäbe ist.
- Wenn jemand ein geringeres Distanzbedürfnis hat als wir, obwohl er aus unserer Kultur stammt. Es gibt Menschen, die von Natur aus oder aus Gewohnheit zu ihren Mitmenschen weniger Abstand einnehmen, als es normalerweise üblich ist. Leider merken diese Personen oft nicht, dass sie damit das Distanzbedürfnis ihres

Gegenübers verletzen. Wenn diese taktvoll zurückweichen, rücken sie einfach nach.

Manchmal hängt mit dieser äußeren auch eine innere Distanzlosigkeit zusammen – aber nicht immer. Ich wurde schon gefragt, was man in solchen Fällen tun könnte – im Grunde nicht viel. Entweder man versucht, selbst »Abstand« zu schaffen, z. B. durch verschränkte Arme, einen Stehtisch oder ein sonstiges Möbelstück, oder man äußert die verbale Bitte: »Macht es Ihnen/dir etwas aus, ein bisschen mehr Abstand einzuhalten?« – womit man natürlich unter Umständen auf Unverständnis oder Irritation stößt.

- Wenn jemand uns Missachtung signalisieren oder uns bedrohen möchte. Vorsätzliche Distanzverletzungen signalisieren Respektlosigkeit und können auch als Drohgeste eingesetzt werden. Hier ist entschiedene Abgrenzung – verbal oder nonverbal – notwendig, um sich nicht einschüchtern zu lassen. Das gilt auch für die vorsätzliche Missachtung von vorhandenen Reviergrenzen, z. B. indem jemand ohne anzuklopfen unser Arbeitszimmer betritt. Er oder sie signalisiert damit – abgesehen von einem dringlichen Anlass oder schlichter Gedankenlosigkeit – entweder Dominanz (»Ich bin dir übergeordnet, ich darf das«) oder Respektlosigkeit (»Ich bin nicht bereit, auf deine Grenzen Rücksicht zu nehmen«). Mit unserer Reaktion signalisieren wir, ob wir diese Respektlosigkeit dulden oder nicht.

In einem spannenden Experiment wollte man herausfinden, wie Menschen auf eine vorsätzliche Missachtung ihres Reviers reagieren. Eine junge Frau wurde angewiesen, sich in einer Bibliothek neben jemanden zu setzen und ihren Stuhl immer näher an das »Opfer« heranzurücken. Die meisten versuchten zunächst, diese Revierverletzung auszugleichen, indem sie selbst unauffällig abrückten oder sich mit dem Körper wegdrehten. Was aber taten die Betroffenen, wenn ihre Protestsignale nicht fruchteten?

Sie erraten es sicher – die solchermaßen Bedrängten standen »wider Willen garantiert auf und suchten sich einen anderen Platz«.[40] Nur einer von achtzig Studenten, in deren persönliche Zone die

---

[40] Julius Fast, Körpersprache, Reinbek 1979, S. 56f.

Versuchsperson eindrang, forderte sie *mit Worten* auf, sich woanders hinzusetzen! Das Ergebnis macht deutlich, wie schwer es uns fällt, auf körpersprachliche Signale mit *gesprochener Sprache* (bewusst) zu reagieren!

Ein einziges »Opfer« allerdings benutzte seine Augen, um die junge Frau in die Flucht zu schlagen: Der Mann hob den Kopf und musterte sie eiskalt. Dieses Signal, mit dem er sie sozusagen »angriff«, brachte sie so aus dem Konzept, dass sie das Experiment an diesem Tag nicht mehr wiederholen konnte.[41]

Viele Menschen markieren ihre Reviere auch, indem sie Barrieren aufbauen. Der Körpersprache-Experte Samy Molcho bringt in einem Bildband[42] einige schöne Beispiele, wie wir bei Revierverletzungen unseren Körper einsetzen, um Barrieren aufzubauen, beispielsweise indem wir uns mit dem Arm aufstützen. Man hat festgestellt, dass Menschen selbst in Büros mithilfe von persönlichen Gegenständen ihr Territorium abgrenzen – hier wird ein Foto aufgestellt, dort eine Topfpflanze oder die private Kaffeetasse platziert usw. Amüsant und interessant ist auch, wie Menschen am Strand oder im Freibad mithilfe ihrer mitgebrachten Utensilien ihre »Claims« abstecken.

Haltung (Kinesik)

Wie schon das Wortspiel »Wer uns nahesteht, darf auch nahe bei uns stehen« erkennen lässt, sind viele Signale der Körpersprache zu einem festen Begriff in unserer gesprochenen Sprache geworden. »Was für eine Haltung hast du eigentlich mir gegenüber?«, fragen wir, wenn uns das Verhalten eines anderen Menschen zunehmend Probleme bereitet. Die Frage macht deutlich, dass sich die innere Haltung eines Menschen zu einer Sache oder einer Person in der Regel in seiner äußeren Haltung und seinem Verhalten niederschlägt. Wenn Sie beispielsweise jemandem »die kalte Schulter« zeigen, wenden Sie sich von dieser Person innerlich und äußerlich

---

[41] Ebendort, S. 59f.
[42] Samy Molcho, Alles über Körpersprache, München 2001.

ab, und noch drastischer ist diese Abkehrbewegung, wenn wir dem anderen wütend entgegenschleudern: »Rutsch mir doch den Buckel runter!«

Unsere Körperhaltungen beinhalten wie alle Signale der Körpersprache eine doppelte Botschaft:

- Sie teilen etwas über unseren persönlichen körperlichen und/oder psychischen Zustand mit.
- Sie drücken etwas über unsere Einstellung (!) zum anderen aus.

Es ist durchaus eine Kunst, zu erkennen, wann jemand etwas *über sich* mitteilt und wann er etwas über sein Verhältnis *zu uns* kommuniziert. Nehmen wir zum Beispiel einen Menschen, der uns in sehr aufrechter Haltung gegenübersteht. Diese Haltung ist nur möglich dank einer gewissen Energie, die sich in der Anspannung eines Teils der Körpermuskulatur ausdrückt. Wo keine Energie ist oder investiert wird, dominiert hingegen das Entspannte bis hin zum Schlaffen.[43] Die Energie und Spannkraft, die sich in der Haltung eines Menschen ausdrücken, kann zum einen ein grundsätzliches Wesensmerkmal dieser Person sein. Das ist leicht zu überprüfen, wenn man ihren Gang beobachtet. Ein »federnder Gang« signalisiert mit seinem Schwung beispielsweise deutlich mehr Energie als ein langsamer oder schleppender Gang.

Wer sich mit energischen Schritten bewegt, verfügt in der Regel auch über einen Vorrat an seelischer Kraft, die sich auf den Körper überträgt (sofern dieser nicht durch Krankheit oder Handicaps belastet ist). Zum anderen kann die Energie, die sich in der Haltung eines Menschen kundtut, auch etwas über seine *Beziehung* zu uns oder ganz allgemein zur Umwelt aussagen. Möglicherweise will er mit dieser Haltung Selbstbewusstsein demonstrieren. Selbstbewusstsein und aufrechtes Gehen und Stehen hängen eng zusammen. Nicht umsonst spricht man von einer »aufrechten Gesinnung« oder von »Aufrichtigkeit«. Aber auch Respekt drückt sich in einer straffen Haltung aus. So nehmen beispielsweise Untergebene ihren

---

[43] Man denke an Entspannungspositionen wie »erschöpft in den Sessel sinken«, »alle viere von sich strecken« oder »gemütlich die Beine hochlegen«.

Vorgesetzten gegenüber unwillkürlich eine strammere Haltung an (»Hab-acht-Stellung«) als umgekehrt. Darin wird ihre Anspannung deutlich, die je nach Beziehung und Anlass bis hin zu Furcht gehen kann.

Viele Ehrbezeugungen bzw. Rangunterschiede werden durch eine ganz bestimmte Haltung zum Ausdruck gebracht. Nur einige Beispiele:

- Verbeugung, Kniefall, Knicks sind symbolische Unterwerfungsgesten, denn der Betreffende macht sich körperlich klein(er) vor dem, dem er Ehre erweist.
- Stehen kann ein Zeichen des Respekts sein (z. B. das Beten im Stehen). Auch so lange stehen zu bleiben, bis sich der Ranghöchste gesetzt hat, ist ein Zeichen des Respekts.
- Vom Platz aufzustehen ist eine Geste der Ehrerbietung, z. B. wenn jemand den Raum betritt, wenn man jemanden begrüßt oder jemandem seine Anerkennung zum Ausdruck bringen möchte (»standing ovations«). Auch aufzustehen und jemandem seinen Sitzplatz anzubieten ist ein Zeichen der Ehrerbietung (»Vor einem grauen Haupt sollst du aufstehen und die Alten ehren«, heißt es in 3. Mose 19,32).
- »In Reih und Glied« zu stehen ist ein Unterwerfungsritual, das Menschen in vielen Situationen (Militär, Schulappell, Gefangenenlager etc.) von den jeweiligen Autoritäten verordnet wird.
- Jemandem den Vortritt zu lassen ist ein Zeichen von Respekt. Es wird vom Rangniedrigeren gegenüber dem Ranghöheren praktiziert. Höfliche Männer erweisen Frauen ihren Respekt, indem sie ihnen – allerdings nicht in jeder Örtlichkeit – den Vortritt lassen.

Viele Haltungen werden also dazu benutzt, um Rangunterschiede und Respekt auszudrücken und zu betonen. All diese der Höflichkeit geschuldeten und antrainierten Haltungen beruhen auf einem bewussten Willensakt. Wir haben sie gelernt und drücken mit ihnen das aus, was von uns zu bestimmten Gelegenheiten erwartet wird. Ob wir das damit Signalisierte wirklich in dem Moment empfinden oder nicht, spielt keine Rolle.

Die Respekt bezeugenden Haltungen sind mit einer Anspannung zahlreicher Muskelpartien unseres Körpers verbunden. Das Gegenteil davon wären entspannte, legere Haltungen, bei denen man beispielsweise das Gewicht auf nur ein Bein verlagert, sich irgendwo anlehnt oder abstützt. Besonders im Sitzen, wenn Beine und Oberkörper entlastet sind, gibt es viele Varianten einer entspannten Haltung. Je sicherer sich jemand in einer Situation fühlt, desto entspannter ist er auch. Neben der normalen Entspannung im vertrauten Kreis gibt es allerdings auch eine »Unterspannung« beim Menschen, die bei totaler Erschöpfung oder Kraftlosigkeit eintritt. Sehr anschaulich wird dieser Zustand mit der Redewendung »ein Häufchen Elend« bezeichnet. Sie macht sowohl die seelische Überforderung (Elend) als auch das körperliche Zusammensinken (ein Häufchen) deutlich. Das Gegenteil – eine kraftvolle Verfassung – wird dementsprechend gern mit den Worten »Ich fühle mich gut *in Form*« ausgedrückt.

Natürlich sind die von uns *unwillkürlich* eingenommenen Haltungen besonders aufschlussreich. Es ist spannend zu beobachten, dass Menschen oft im Lauf eines Gesprächs, es sei sitzend oder stehend, ihre Bewegungen an die Bewegungen ihres Gegenübers anpassen, sie quasi synchronisieren.[44] Das heißt, dass die Bewegungen und Haltungsänderungen immer stärker aufeinander abgestimmt sind, ja, sich sozusagen zunehmend aneinander orientieren. Allerdings gilt dies nur, wenn die Beteiligten innerlich *positiv* zueinander eingestellt sind. Und: Der Überlegene – oder Selbstbewusstere – gibt die Haltungsänderungen vor, der Schwächere oder weniger Selbstbewusste ahmt sie nach.

Wenn Sie also in einiger Entfernung zu zwei oder drei Personen stehen, die sich intensiv miteinander unterhalten, so können Sie herausfinden, *wie diese Personen zueinander stehen.* Folgendes sollten

---

[44] Man nennt diesen Vorgang auch »Spiegel« oder »Haltungs-Echo«.

Sie – abgesehen von Mimik, Stimme/Lautstärke und Berührungen, auf die wir später zu sprechen kommen – beobachten:

- Abstand zueinander;
- Haltung;
- Haltungsänderung;
- Bewegungssynchronisation.

Der *Abstand* zueinander zeigt, wie schon erörtert, den Grad der Vertrautheit zwischen den Kommunikationspartnern. Die *Haltung* weist darauf hin, wie die Gesprächspartner zueinander stehen. Wenn sie so etwas wie Sympathie oder Zuneigung (!) empfinden, so drückt sich das häufig auch in einer entsprechend zugeneigten, offenen Körperhaltung aus. Offene Haltungen signalisieren Aufgeschlossenheit, während eher geschlossene Körperhaltungen (z. B. verschränkte Arme, gesenkter Kopf, Hände in den Hosentaschen) durchaus Abwehr und Selbstschutz ausdrücken können. Außerdem ist die Entspanntheit der Haltung unter Umständen ein Hinweis, wer hier »über wem steht« oder wie vertraut die Beteiligten miteinander sind.

Bei *Haltungsänderungen* ist aufschlussreich, in welche Richtung sie gehen – ist eine Hin- oder eine Wegbewegung zum bzw. vom Gegenüber zu erkennen? Deutet die Haltungsänderung wachsende Anspannung oder Entspannung an?

Besonders interessant ist jedoch, zu beobachten, ob auf die Haltungsänderung des einen Gesprächspartners nach wenigen Sekunden eine entsprechende Haltungsänderung des anderen folgt. Diese *Synchronisation* ist ein deutliches Zeichen dafür, dass der Imitierende sich an seinem Gesprächspartner unbewusst ausrichtet und dass die beiden zunehmend »auf einer Wellenlänge« kommunizieren.

Zeitlupenfilme von Begegnungen zwischen zwei oder mehreren Menschen machen die unglaubliche Präzision deutlich, mit der wir schon minimale körpersprachliche Signale am anderen wahrnehmen und nachahmen, ohne dass uns dies auch nur im Geringsten bewusst ist.[45] Man kann dieses »Spiegeln« übrigens auch gezielt

---

[45] Vgl. Desmond Morris, a. a. O., S. 126 ff.

einsetzen. Bei einem Experiment ahmte die Versuchsperson unauffällig alle Gesten seines jeweiligen Gegenübers nach – mit einigen Millisekunden Verzögerung, sodass dem Betreffenden nichts auffiel. Die Folge war, dass das jeweilige Gegenüber am Schluss der Begegnung mehr Sympathie für die Versuchsperson empfand – ohne allerdings zu wissen, weshalb![46]

Kopfhaltung

Auch allein mit der Kopfhaltung drücken wir unser Verhältnis zum Gegenüber aus. Eine leicht nach hinten geneigte Kopfhaltung wird immer als Zeichen einer gewissen Dominanz eingesetzt, während ein Senken des Kopfes als Demutsgeste gilt. Wer »hoch erhobenen Hauptes« daherkommt und andere »von oben herab« anschaut, signalisiert seiner Umwelt Selbstbewusstsein und Stolz. Sitzt oder steht hingegen jemand mit gesenktem Kopf da, so vermittelt er den gegenteiligen Eindruck. Solche Menschen wirken traurig, ängstlich, unsicher, beschämt, verlegen. »Kopf hoch!«, ruft man ihnen vielleicht zu, um sie aufzumuntern, doch nicht immer ist dies hilfreich – warum soll, wer traurig ist, nicht auch einmal den Kopf hängen lassen?

Interessant zu beobachten ist, wann Menschen den Kopf *schräg* neigen. Im Tierreich ist das seitliche Kopfneigen eine Beschwichtigungsgeste, indem das im Kampf unterlegene Tier, z. B. ein Wolf, dem Rivalen seine besonders verwundbare Kehle ungeschützt darbietet. Auch beim Menschen signalisiert diese Haltung möglicherweise eine gewisse Unterwürfigkeit, Demut oder Unsicherheit.[47] Wer beim Zuhören oder Sprechen den Kopf leicht neigt, wirkt allerdings eher nachdenklich, fragend oder einfühlsam. In

---

[46] Etwas Ähnliches geschieht, wenn wir die Worte eines Menschen wiederholen. Bedienungen, die die Bestellungen ihrer Gäste wortwörtlich wiederholten, bekamen von diesen am Ende mehr Trinkgeld als Bedienungen, die dies nicht taten.

[47] Auf alten Bildern werden die Herrschenden in der Regel mit aufrecht gehaltenem Kopf abgebildet, Heilige oder fromme Personen hingegen meist mit geneigtem Kopf.

der Neigung des Kopfes liegt dann ein zugewandtes Hinneigen zum anderen.

Ein seitlich geneigter oder leicht gesenkter Kopf kann vor allem bei Frauen auch kokett wirken. Deutlich konnte man dies bei Prinzessin Diana von Großbritannien studieren. Sie lächelte gerne bei gesenktem Kopf, also quasi von unten herauf. Dies wirkte, verbunden mit ihren großen Augen, kindlich und verletzlich, aber auch verführerisch.

Auch das viel bewunderte geheimnisvolle[48] Lächeln der »Mona Lisa« hat, so haben Forscher herausgefunden, mit ihrer Kopfhaltung zu tun – wird diese verändert, so wirken auch ihr Blick sowie ihr Lächeln völlig verändert.

---

[48] Otto Schober, Körpersprache, München 1994, S. 67.

2. Augensprache und Blickverhalten

Ich will dich mit meinen Augen leiten.

PSALM 32,8

Vielleicht ist es der berühmteste Satz aus dem Film »Casablanca«: »Schau mir in die Augen, Kleines ...«[49] Auch wenn man den Film nicht gesehen hat: Was könnte aus dieser einfachen, aber sehr direkten Aufforderung, die Rick an Ilsa richtet, geschlossen werden?

- Die Aufforderung macht deutlich, wer das Sagen hat. Der Höherrangige oder »Große« kann von dem oder der »Kleineren« verlangen, dass diese(r) ihm in die Augen schaut – aber nicht umgekehrt.
- Der Wunsch nach Blickkontakt könnte der Wunsch sein, über die Augen dem Gegenüber eine Botschaft zu vermitteln.
- Die Aufforderung könnte den Wunsch ausdrücken, in den Augen des anderen eine Botschaft zu lesen.
- Die Bezeichnung »Kleine/Kleines« macht deutlich, dass die beiden Gesprächspartner in einem vertrauten Verhältnis zueinander stehen.[50] Wenn die Frau dennoch dem Blickkontakt ausweicht, so muss dies ernsthafte Gründe haben!

Die Augen

Verglichen mit Haltung, Bewegung und Raumanspruch, wo wir mit dem ganzen Körper an unsere Umwelt Signale senden, sind die Augen sehr kleine Punkte. Der Augapfel selbst besteht aus einer gallertartigen Substanz, die für sich allein genommen nicht

---

[49] Interessanterweise wandelte Humphrey Bogart (im Film: Rick) den Satz in einer späteren Fassung ab und sagte: »Here's looking at you, kid«, zu Deutsch: »Hier ist jemand, der dich anschaut, Kleine«, oder sinngemäß: »Ich schau dich an, Kleine.«

[50] Die Anrede kann herablassend, aber auch sehr zärtlich gemeint sein. Das erschließt sich nur, wenn man den Film als Ganzes und das Verhältnis von Rick und Ilsa zueinander kennt.

viel – manche sagen: gar keine – Ausdruckskraft besitzt. Dennoch können unsere Augen – die »lieben Fensterlein«, wie der Dichter Gottfried Keller sie nannte – ungeheuer viel aussagen! Wie ist das möglich?

Sieben Komponenten sind daran beteiligt und ergeben ein hochkomplexes Zusammenspiel:

- die Pupillen, die unterschiedlich weit geöffnet sein können;
- die Blickrichtung, die deutlich macht, was wir im Moment »ins Auge fassen«;
- die zahlreichen feinen Muskeln, die das Auge umgeben – dank dieser Muskeln können wir eine Vielzahl unterschiedlicher Gefühle und Signale übermitteln;
- die Lider, die durch den Grad ihres Herabsinkens über das Auge neben dem Wachheitsgrad auch sehr unterschiedliche Gemütszustände zum Ausdruck bringen;
- das Blinzeln oder Zwinkern mit den Lidern, das unterschiedlich schnell und unterschiedlich häufig erfolgen kann;
- die Augenbrauen, die viele Veränderungen des Augenausdrucks unterstreichen, indem sie sich mehr oder weniger stark heben oder auf unterschiedliche Art zusammenziehen;
- die Tränenflüssigkeit, die dem Auge je nach Menge einen matten oder glänzenden, einen trockenen oder feuchten Ausdruck verleiht.

Das Zusammenspiel all dieser Bausteine erlaubt so viele Kombinationen, dass eine enorme Menge unterschiedlicher Gefühle dadurch ausgedrückt werden kann. Es gibt verführerische Blicke und fragende, es gibt vernichtende Blicke (»Wenn Blicke töten könnten«) und bewundernde. Man kann jemanden begeistert oder wütend anschauen, traurig oder beglückt, ironisch oder verzagt, lauernd und ängstlich oder unbefangen und selbstbewusst. Die Liste ließe sich lange fortsetzen – wobei der Blick allein nicht ausschlaggebend ist, sondern in Verbindung mit der Gesichtsmimik interpretiert werden muss.

Doch nun zu den Einzelbausteinen:

- *Die Pupille*: Sie kann sich erweitern oder verengen. Dazu wurde ein interessantes Experiment gemacht: Heterosexuelle Männer bekamen zwei Bilder ein und derselben Frau vorgelegt. Die Männer sollten spontan entscheiden, welches Bild ihnen besser gefiel. Sie entschieden sich mehrheitlich für das Bild, auf dem die Frau mit größerer Pupille abgebildet war – ohne ihre Wahl zu begründen. Was hat dies zu bedeuten? Ob sich unsere Pupille erweitert oder nicht, steht nicht in unserer Macht; es ist ein *unwillkürlicher Reflex*, der vom autonomen Nervensystem gesteuert wird. Die Pupille erweitert sich, wenn es dunkel ist (um mehr Licht einzulassen) – oder wenn uns etwas stark anzieht, ja emotional erregt. Eine Frau mit großen Pupillen wirkt deshalb »lebhaft interessiert« auf einen Mann – was für ihn unbewusst wiederum *ihre* Anziehungskraft steigert.

Das wussten schon die Frauen im alten Ägypten. Um auf die Männer verführerischer zu wirken, träufelten sie sich den Saft der Tollkirsche in die Augen – die darauf mit einer Pupillenerweiterung reagierten. Die italienischen Kurtisanen übernahmen den Trick und nannten die Tollkirsche »Belladonna« – zu Deutsch: »schöne Dame«! Interessanterweise erweitern sich bei Frauen auch die Pupillen, wenn sie Babyfotos betrachten – auch wenn sie selbst keine Kinder haben. Bei Männern hingegen ist dieses »Erregungssignal« nur vorhanden, wenn sie selbst Väter sind.[51] Humphrey Bogart, der Hauptdarsteller in »Casablanca«, könnte also mit seiner Aufforderung auch das unbewusste Ziel verfolgt haben, den Grad der Pupillenerweiterung bei seiner Partnerin herauszufinden!

• *Die Blickrichtung*: Was unterscheidet ein Affenauge von einem Menschenauge? Ihm fehlt das *Weiße* im Auge, das bei uns Menschen einen deutlichen Kontrast zur Iris und Pupille bildet. Je ausgeprägter dieser Kontrast ist – zum Beispiel bei sehr dunkelbraunen Augen –, desto leichter ist zu erkennen, in welche Richtung jemand blickt. Auch bei blauen, graublauen oder graugrünen Augen ist die Blickrichtung schon aus einigen Metern Entfernung gut zu erkennen. Es interessiert uns Menschen offenbar sehr, wohin unser Gegenüber blickt: Schaut er uns an – wenn ja, wie lange?

---

[51] Desmond Morris, Der Mensch, mit dem wir leben, München 1978, S. 253.

Und worauf heftet er bei uns seinen Blick? Falls er den Blick plötzlich von uns abwendet – geschieht das gelassen oder nervös, langsam oder hastig? Und: Wo schaut er dann hin?

Machen Sie einmal folgenden Test: Schauen Sie einem anderen Menschen längere Zeit in die Augen – und wenden Sie dann abrupt Ihren Blick nach links (genauso gut könnten Sie ihn nach rechts oder oben oder unten wenden). Mit größter Wahrscheinlichkeit wird Ihnen Ihr Gegenüber unwillkürlich mit den Augen folgen![52] Noch irritierter wird er/sie sein, wenn Sie Ihren Blick von seinem Gesicht auf einen anderen Punkt seines Körpers hinwenden und diesen Punkt fixieren – garantiert wird der so Fixierte überprüfen, ob an dieser Stelle »etwas nicht stimmt«, und Sie womöglich fragen: »Ist da was?« Wer es darauf anlegt, kann Menschen mit der eigenen Blickrichtung deshalb gezielt irritieren oder verunsichern.

Wie verräterisch jedoch ein unwillkürlicher Wechsel der Blickrichtung sein kann, wurde mir kürzlich auf schreckliche Weise in einem Spielfilm vorgeführt: Ein Mann erwartete seinen Freund in dessen Wohnung und sah gerade fern, als dieser nach Hause kam. Der Mann war ein gesuchter Mörder, und in dem Moment, als sein Freund das Zimmer betrat, wurde ein Phantombild von ihm im Fernsehen gezeigt, das ihm recht ähnlich war. Der Freund sah das Fernsehbild – und schaute dann wortlos, aber einen Moment zu lange seinen wartenden Bekannten an. Dieser schnelle Blickwechsel, verbunden mit der Blickdauer, die eine erhöhte Aufmerksamkeit signalisierte, war dem Mörder nicht entgangen. Ihm wurde augenblicklich klar, dass sein Freund ihn als den gesuchten Mörder erkannt hatte. Ohne ein Wort zu sagen, nahm er seine neben sich liegende Pistole und erschoss ihn.[53]

- *Die Muskeln*: Das Auge selbst verfügt über sechs Muskelpakete, die ihm Blicke in viele Richtungen ermöglichen – es sind übrigens

---

[52] In Krimis wird dieser »Reflex« oft dazu verwendet, dass das Opfer seinen Bedroher durch das gezielte Wegschauen irritiert und den kurzen Moment, in dem jener seinem Blick folgt, nutzt, um ihn zu überrumpeln, ihm die Waffe zu entreißen oder Ähnliches.

[53] Der Schakal, nach dem Roman von Frederick Forsyth.

die aktivsten Muskeln des Menschen (sogar im Traum bewegen wir in bestimmten Phasen die Augen hin und her). Darüber hinaus ist das Auge von zahlreichen Muskeln eingerahmt, die ein Zusammenkneifen oder »Aufreißen« der Augen in vielerlei Abstufungen ermöglichen. Auch Ober- und Unterlid werden mit separaten Muskeln fein abgestuft bewegt. Da wir über unsere Augen viel ausdrücken, sind die betreffenden Muskeln unablässig im Einsatz – wie sich auch an den feinen Fältchen ablesen lässt, die wir alle im Lauf der Zeit um die Augen herum bekommen. Im besten Fall sind es Lachfalten (denen man leider den hässlichen Namen »Krähenfüße« gegeben hat)! Beim echten Lächeln oder Lachen sind nämlich die Augen immer mitbeteiligt. Werden die Augen schmal, *ohne* dass damit ein Lächeln oder Lachen verbunden ist, wirkt unser Gesicht dagegen überhaupt nicht fröhlich, sondern wir vermitteln eher den Ausdruck von Verschlossenheit, Misstrauen, Abwehr oder Wut. Bei entspannter oder sogar schlaffer Gesichtsmuskulatur weisen verengte Augen meist auf Müdigkeit (oder Kurzsichtigkeit) hin. Weit aufgerissene Augen sind ein deutlicher Hinweis auf Gefühle der Furcht oder Überraschung. Auch ein erfreutes Überraschtsein geht mit geweiteten Augen einher, weshalb Frauen, wenn sie mit einem Baby Kontakt aufnehmen wollen, instinktiv die Augen weit öffnen und damit das Kind zum freudigen Blickkontakt einladen. Grundsätzlich vermitteln schmale Augen eher Distanz und Zurückhaltung, aber auch Konzentration und Dominanz, während weit geöffnete Augen eher Aufgeschlossenheit und neugieriges Interesse, unter Umständen auch Verwunderung und Faszination signalisieren. Wenn Frauen die Augen mittels dunkler Umrahmung betonen, soll dies den Eindruck der Aufgeschlossenheit und des Interesses verstärken und den Blick des Betrachters noch mehr auf die Augen lenken.

- *Die Brauen*: Die Bewegungen der Augenmuskulatur werden von den Augenbrauen verstärkt – bei schmal werdenden Augen senken sich die Brauen, bei weit geöffneten heben sie sich. Wenn Frauen ihre Augenbrauen künstlich nach oben ziehen, so vermitteln sie damit ihrer Umgebung jene Signale von kindlich-neugieriger

Offenheit und Aufgeschlossenheit, die mit weit geöffneten Augen in Verbindung gebracht werden.

Auch die Breite der Brauen hat einen Einfluss auf unsere Wahrnehmung: Menschen mit breiten oder buschigen Augenbrauen werden eher für willensstark und energisch gehalten als Menschen mit schmalen Brauen, die eher zart und zerbrechlich wirken.

Bei jedem der sechs Basisgefühle haben die Augenbrauen übrigens eine charakteristische Stellung. Sie ziehen sich ganz anders zusammen, wenn ein Mensch traurig ist, als wenn er Angst hat, und sie haben wieder eine andere Stellung, wenn er Zorn empfindet oder sich ekelt. Ein Forscher hat sage und schreibe vierzig verschiedene Stellungen der Augenbrauen unterschieden!

Werden die Augenbrauen sehr oft zusammengezogen, so bildet sich bei vielen Menschen im Lauf der Zeit eine senkrechte Falte über der Nasenwurzel. Das Hochziehen der Augenbrauen führt hingegen zu Querfalten auf der Stirn. Dieses Hochziehen ist auch ein wichtiges Signal beim Reden: Immer wenn wir etwas sagen, was unserer Meinung nach besonders bedeutsam ist, unterstreichen wir dies durch kurzes Anheben der Augenbrauen. Auch wenn wir unserer Verwunderung oder unserem leichten Tadel Ausdruck verleihen möchten, ziehen wir oft kurz, aber deutlich die Augenbrauen hoch. Manche Menschen haben die Fähigkeit, auch nur eine Braue nach oben zu ziehen, womit sie meistens ihre Irritation ausdrücken – positiv oder negativ.[54]

Eine andere Frage: Wie grüßen Sie jemanden in einigen Metern Entfernung, ohne dass Sie ein Wort sagen? Ganz einfach: Entweder Sie machen eine entsprechende grüßende Handbewegung, oder Sie werfen kurz den Kopf in den Nacken – oder Sie heben kurz, aber deutlich die Augenbrauen. Mit diesem »Augengruß« signalisieren übrigens Menschen auf der ganzen Welt, dass sie den anderen gesehen haben.

---

[54] Ich hatte einen Mathematiklehrer, bei dem das Hochziehen einer Augenbraue (es war immer die linke) ein verlässliches Vorzeichen dafür war, dass gleich etwas leicht Boshaftes von ihm kommen würde!

- *Die Lider*: Wenn wir unsere Augen verengen, senken wir das Oberlid nach unten und ziehen das Unterlid nach oben. Senken wir jedoch nur das Oberlid nach unten, so ergibt dies einen leicht rätselhaften, verschleiert wirkenden Gesichtsausdruck. Er kann einen gewissen Hochmut oder leise Ironie andeuten, aber auch etwas Lauerndes oder Verschlagenes an sich haben. Doch dieser Blick kann auch andeutend und verführerisch wirken! Vielleicht stammt von daher der schöne Ausdruck »Schlafzimmerblick«, der beispielsweise von den Schauspielerinnen Marlene Dietrich und Greta Garbo glänzend beherrscht wurde.
- *Das Blinzeln*: Es dient dem regelmäßigen Befeuchten der Augen mit Tränenflüssigkeit. Einerseits ist es eine unwillkürliche Bewegung des Oberlids, die sich beispielsweise bei Nervosität beschleunigt und bei plötzlicher Furcht und Überraschung verlangsamt. Auch wenn wir müde werden, blinzeln wir häufiger, weil wir dagegen ankämpfen, dass uns die Augen endgültig zufallen. Andererseits können wir unser Blinzeln auch bewusst einsetzen, indem wir jemandem gezielt mit einem Auge zuzwinkern und damit eine Art »geheimes Einvernehmen« signalisieren. Blinzeln wir hingegen demonstrativ einige Male schnell hintereinander, während wir etwas sagen (oder sofort danach), so machen wir damit nonverbal deutlich, dass das Gesagte nicht ganz ernst gemeint ist – oder einen »doppelten Boden« hat.[55] Auch eine gespielte Scheinheiligkeit oder Unschuld kann damit glänzend ausgedrückt werden – wahrscheinlich weil das schnelle und demonstrative Wimpernklimpern etwas Affektiertes und damit Unechtes an sich hat.
- *Die Tränenflüssigkeit*: Die anschauliche Formulierung »Da bleibt kein Auge trocken« bezieht sich in aller Regel auf das Gefühl der Erheiterung (»Wir haben Tränen gelacht!«). Tatsächlich wird sowohl bei stark positiver wie bei stark negativer Erregung verstärkt Tränenflüssigkeit abgesondert – schließlich kann man sowohl vor Kummer weinen als auch vor Glück. Sind wir hingegen unter

---

[55] Das Gleiche drücken wir auch aus, indem wir jemanden anschauen und kurz ein Auge zukneifen.

intensiver oder konstanter seelischer Belastung (Stress), wird die Tränenflüssigkeit reduziert, weshalb heute viele Menschen unter zu trockenen Augen leiden (auch bedingt durch zu viel Arbeit am Bildschirm, bei der wir zu selten blinzeln). Gut befeuchtete Augen wirken glänzender als trockene Augen, und glänzende Augen werden als Signal der Anziehung gedeutet (»Beim Blick auf die Uhren im Schaufenster bekam er glänzende Augen ...«).

Die Augen haben, wie alle Instrumente der Körpersprache, eine doppelte Funktion: Sie sagen etwas über uns selbst aus, unsere momentane seelische Verfassung, unser Interesse, unsere Müdigkeit usw. Andererseits sagen sie etwas über unsere Beziehung zu einem anderen Menschen oder unser Gefühl gegenüber einer anderen Person aus. Kinder schauen zunächst einmal unwillkürlich alles an, was sie interessiert – und zwar so lange, wie es sie interessiert. Im Lauf ihrer Entwicklung lernen sie, sich dies wieder abzugewöhnen. Warum?

Weil ihnen klar wird, dass Menschen es nicht gernhaben, länger angeschaut zu werden – außer es gehört zu ihrem Beruf (z. B. als Schauspieler, Fotomodell, Lehrer, Redner usw.). Ja, für dieses längere Anschauen gibt es sogar ein eigenes Wort: »anstarren«. Wer eine andere Person anstarrt, überschreitet die erlaubte »moralische Blickzeit« (so der Fachausdruck), die wir einander stillschweigend zugestehen. Nicht nur viele Tiere, auch Menschen reagieren auf Angestarrtwerden mit erhöhter Aufmerksamkeit, mit Unbehagen und Irritation, teilweise sogar mit Aggression (»Was gibt's da zu glotzen?«). Der zu lange Blick wird als eine Art Indiskretion, Eindringen in die Intimsphäre, als Neugier und Aufdringlichkeit oder sogar als Bedrohung interpretiert.[56] Wir haben, wenn wir jemanden etwas länger als erlaubt anschauen, deshalb nur zwei Möglichkeiten, durch diesen Blick eine positive Botschaft mitzuteilen:

---

[56] Wie viel Macht einem Blick verliehen wird, zeigt sich auch daran, dass es in vielen Ländern Amulette gibt, die vor dem »bösen Blick« schützen sollen.

- Wir kombinieren ihn mit einer Schräghaltung unseres Kopfes, was ein Unterwerfungs- und Entwarnungssignal ist.[57]
- Wir verbinden den langen Blick mit einem Lächeln, was sowohl ein Sympathiesignal als auch ein Zeichen der Entwarnung ist. Dann allerdings wird der lange Blick als deutliches Zeichen von Interesse gedeutet.

Mir passiert es beispielsweise des Öfteren, dass Menschen mich von Vorträgen kennen – ich jedoch kenne sie nicht. Wenn wir uns begegnen, schauen sie mich etwas zu lange an, denn in diesem Moment läuft in ihrem Gehirn die Arbeit des Wiedererkennens ab (»Die Frau kennst du doch ... das ist doch ...«). Mir fällt dieses Überschreiten der moralischen Blickzeit auf (sofern ich sie auch anschaue), und manchmal frage ich die Betreffenden: »Kennen Sie mich?«, was meist bejaht wird.[58]

Etliche pfiffige Experimente konnten übrigens bestätigen, dass Menschen es nicht schätzen, wenn sie zu lange angeschaut werden. Einmal wies man in einer Studentenmensa die Versuchspersonen an, ihr Gegenüber am Tisch während des Essens anzustarren – was zur Folge hatte, dass diese ihr Essen regelrecht hinunterschlangen, um möglichst bald das Weite suchen zu können. Und was tun männliche Autofahrer, wenn sie an einer Ampel stehen, und die auf dem Gehweg wartenden Fußgänger starren sie einfach an? Antwort: Sie legen, sobald die Ampel auf »Grün« schaltet, einen Blitzstart hin – vermutlich, um diesem Angestarrtwerden zu entkommen.

Welches der beiden Geschlechter schaut andere Menschen länger an? Es sind die Frauen – doch sie tun es nur dann offen, wenn sie sich mit ihrem Gegenüber unterhalten. Das ist ein Hinweis, dass sie nicht nur auf der Sach-, sondern auch auf der Beziehungsebene mit dem anderen verbunden sein wollen. In allen anderen

---

[57] Tiere, die sich nach einem Kampf unterwerfen, bieten dem anderen durch Schräghaltung des Kopfes ihre empfindlichste Stelle dar, nämlich die Kehle, an der die Halsschlagader verläuft.
[58] Bei Männern kann der längere Blick auf eine Frau natürlich auch ein Interesse signalisieren, das nichts mit Wiedererkennung zu tun hat.

Fällen, wenn kein direkter Kontakt besteht, werfen sie heimliche Blicke, um bei ihrem Gegenüber kein Unwohlsein zu erzeugen. Oft beobachten sie deshalb andere Menschen auch aus den Augenwinkeln. Werden sie bei ihren Blicken ertappt, wenden sie in aller Regel sofort die Augen ab – was allerdings nicht unbedingt ein selbstbewusstes Signal ist. Selbstbewusste Menschen halten fremden Blicken eher stand, weniger selbstbewusste weichen hingegen fremden Blicken eher aus.

Wer angesichts eines fremden Blickes verlegen die Augen niederschlägt, der signalisiert damit innere Anspannung und Unsicherheit oder Unterwerfung und Respekt. In einem alten christlichen Lied heißt es[59]: »Gott ist gegenwärtig, lasset uns anbeten und in Ehrfurcht vor ihn treten. Gott ist in der Mitte, alles in uns schweige und sich innigst vor ihm beuge. Wer ihn kennt, wer ihn nennt, schlag die Augen nieder; kommt, ergebt euch wieder!« Gott gegenüber ist Ehrfurcht sicher angemessen – Menschen gegenüber jedoch nur bedingt.

Natürlich kann das Zurückblicken auch ein Zeichen von Aufgeschlossenheit und Interesse sein. Alle Liebesgeschichten beginnen damit, dass sich die beiden Beteiligten lange Blicke zuwerfen, d. h., die moralische Blickzeit wird weit überschritten. Doch auch harmlosere Kontakte beginnen mit einem längeren Blick. Machen Sie doch wieder einmal einen kleinen Test dazu: Gehen Sie in einer Fußgängerzone an Menschen vorbei, die dort stehen und um Geld betteln. Schauen Sie diese Menschen an und wenden Sie nicht schnell den Blick wieder ab – sodass diese Ihren Blick bemerken. Die Bettelnden werden dies mit größter Wahrscheinlichkeit als Zeichen Ihrer Aufgeschlossenheit deuten und Sie direkt ansprechen.[60]

---

[59] Evangelisches Gesangbuch von Württemberg Nr. 165, Strophe 1.
[60] Ich selbst habe diesen Test mit Erfolg schon etliche Male in Tübingen gemacht, wo sich ständig an bestimmten Plätzen bettelnde junge Leute aufhalten. Sie sind, wie ich schon oft beobachtete, meist noch sehr feinfühlig und nicht abgestumpft. Allerdings kann man bei manchen Menschen so demonstrativ wegschauen, wie man möchte – sie sprechen einen, da sie unter Druck stehen, trotzdem an.

Kennen Sie eine Situation, in der wir geradezu automatisch wegschauen, weil alles andere unhöflich wäre? Diese Situation tritt immer dann ein, wenn wir einem anderen Menschen unfreiwillig zu nahe treten müssen, beispielsweise in überfüllten Fahrstühlen oder Verkehrsmitteln. In all diesen Fällen gleichen wir die Revierverletzung dadurch aus, dass wir den anderen als »Nichtperson« behandeln, das heißt: ihn keines Blickes würdigen. Sie können ja mal das Gegenteil tun und Ihr Gegenüber anschauen: Die Irritation bzw. Verlegenheit wird nicht gering sein!

Interessant ist auch unser Blickverhalten, wenn wir uns mit jemandem unterhalten. Frage: Wer darf während eines Gesprächs gelegentlich wegschauen? Antwort: derjenige, der spricht. Ihm wird zugestanden, dass er sich auf seine Gedanken konzentriert und deshalb den Blick, solange er spricht, immer wieder in die Ferne schweifen lässt. Wer hingegen zuhört, muss dies unterstreichen, indem er den Sprecher aufmerksam anschaut. Schaut er hingegen weg, so wird dies, sofern vom Sprecher bemerkt, je nach seiner Sensibilität als Zeichen von Desinteresse oder Langeweile interpretiert. (Dies muss aber nicht unbedingt der Fall sein, denn auch der Zuhörende kann sich seine Gedanken machen und dabei unwillkürlich den Blick vom Redner abwenden.)

Und wie wissen wir als Zuhörende, dass wir bald an der Reihe zu sprechen sind? Viele Redende signalisieren dies, indem sie uns, kurz bevor sie enden, wieder anschauen – was wir vollkommen unbewusst, aber meist zutreffend als Zeichen deuten, dass nun gleich wir selbst zum Zuge kommen.

Machen Sie erneut einen kleinen Test: Lassen Sie, wenn Sie reden, dieses Blicksignal kurz vor Schluss einmal weg und schauen Sie bis zum letzten Wort, das Sie sagen, in die Ferne. Sie werden feststellen, dass Ihr Gegenüber, wenn Sie zu reden aufhören, kurze Zeit verblüfft ist, weil Ihr »Vorbereitungssignal« gefehlt hat.

Davon abgesehen, werden ranghöhere Menschen generell von den Rangniedrigeren öfter angeschaut als umgekehrt. Ja, wenn man wissen möchte, wer in einer Runde der »Anführer« oder die

»Anführerin« ist, muss man nur beobachten, wer am häufigsten von den anderen angeschaut wird.

Können Sie am Blickverhalten auch erkennen, ob jemand Sie anlügt? Die Antwort lautet: ja – aber nur bei Kindern, Anfängern und Dilettanten. Kinder sind noch ungeübt im willkürlichen Kontrollieren ihrer Augenbewegungen. Fordert man sie, um zu prüfen, ob sie die Wahrheit sagen, auf: »Schau mir in die Augen!«, so fällt es ihnen schwer, falls sie gelogen haben, dem prüfenden Blick standzuhalten: Sie schauen verlegen zur Seite oder auf den Boden.

Erwachsene hingegen beherrschen die Kontrolle über ihre Augenbewegungen sehr viel besser. Deshalb schauen gerade *vorsätzliche* Lügner ihrem Gegenüber tief und treuherzig in die Augen, um ja keinen Verdacht aufkommen zu lassen.

✱ verantwortungsloser Mensch

3. Mimik und Lächeln

Wer lächelt, statt zu toben, ist immer der Stärkere.

FERNÖSTLICHE WEISHEIT

Lächeln

»Immer nur lächeln« heißt eine Operette von Franz Lehár, und diese drei Worte machen deutlich, dass wir unser Lächeln durchaus als Maske verwenden können, das unseren wahren Seelenzustand verbergen soll.

Für ein solches verbergendes Lächeln gibt es gute Gründe:
- Wir wollen gut gelaunt und glücklich wirken.
- Wir wollen eine positive und freundliche Ausstrahlung haben.
- Wir wollen Sympathie erwecken.
- Wir wollen nicht, dass die Umwelt uns auf unser Befinden anspricht.
- Möglicherweise wird von uns *erwartet,* dass wir einen freundlichen Eindruck machen.

Gerade der letzte Grund trifft zum Beispiel auf viele dienstleistende Berufe zu: Die Verkäuferin in einem Geschäft soll uns bitte genauso charmant anlächeln wie unsere Friseurin oder die Dame an irgendeinem Informationsschalter. Von Flugbegleiterinnen erwarten wir ein strahlendes Lächeln, wenn wir das Flugzeug betreten, und von der Arzthelferin oder Ärztin erhoffen wir natürlich auch, mit aufmunterndem Lächeln begrüßt und verabschiedet zu werden.

Fällt Ihnen etwas auf? Ich habe nur Frauen erwähnt, und in der Tat lächeln Frauen wesentlich mehr als Männer. Übrigens von Geburt an: Weibliche Babys lächeln bereits im Alter von zwei Monaten mehr als männliche Babys, und das setzt sich im Schulalter fort.[61]

---

[61] Peter Collett, Ich sehe was, was du nicht sagst, Bergisch Gladbach 2004, S. 92.

Auch erwachsene Frauen lächeln andere Menschen nicht nur häufiger an, sondern sie lächeln auch eher zurück, wenn sie angelächelt werden. Es wird – selbst in heutiger Zeit! – von Frauen auch immer noch eher *erwartet*, dass sie lächeln! Gelten ernst blickende Männer als »durchsetzungsfähig«, so erregen ernst blickende Frauen sofort den Verdacht, unglückliche Zeitgenossinnen zu sein, wie eine Untersuchung ergab.[62]

Auch beim Lächeln geht es allerdings um Rang und Macht. Dienstleistende sind gegenüber dem Kunden in der dienenden Position, deshalb wird von ihnen ein verbindliches Lächeln erwartet. Freundliches Lächeln signalisiert immer: »Du brauchst vor mir keine Angst zu haben, ich bin dir wohlgesonnen!« Deswegen war und ist es ein Vorrecht der Mächtigen, dass sie nicht lächeln müssen – schließlich soll man vor ihnen ja Respekt haben. Ja, manche Mächtigen *vermeiden* es regelrecht, in der Öffentlichkeit zu lächeln, um ihre Autorität nicht zu schmälern (es gibt z.B. kaum Fotos, auf denen Wladimir Putin lächelt).

Grundsätzlich gilt Lächeln als Entwarnungssignal, das schon aus großer Entfernung (bis zu 40 m!) erkannt wird, vor allem wenn dabei die Zähne gezeigt werden. Doch auch wer jemanden zu lange anschaut oder ihm kurz *zu nahe* kommt, kann mit einem begleitenden Lächeln Entwarnung geben (»Ich tue dir nichts!«). Das Gleiche gilt, wenn wir mit unserem Gegenüber nicht in Konflikte verwickelt werden möchten und deshalb mit einem besänftigenden Lächeln vorzubeugen versuchen – hier spricht man von einem »Beschwichtigungssignal«.

Darüber hinaus sehen wir in einem Lächeln natürlich ein Zeichen von Aufgeschlossenheit, Sympathie und Freude. Deshalb wird auch das erste Lächeln eines Babys (meist erfolgt es nach 5 bis 6 Wochen) freudig begrüßt, schließlich beziehen die Eltern es ganz persönlich auf sich.[63] Auch wer etwas Brisantes oder Kritisches

---

[62] Peter Collett, a.a.O., S. 93.
[63] Dies ist ein Irrtum: Am Anfang lächeln Babys noch jeden und jede an; erst im Lauf der folgenden Monate beginnen sie, zwischen Fremden und Vertrauten zu unterscheiden, sodass das Lächeln zum »Wiedererkennungszeichen« wird.

sagt und dabei lächelt, signalisiert seinem Gegenüber: »Ich meine es nicht böse!«, oder gar: »So ernst brauchst du das, was ich sage, nicht zu nehmen.« Man sollte – vor allem als Frau – jedoch darauf achten, dass man nur dann lächelt, wenn man diese Botschaft wirklich senden möchte. Kinder sind zum Beispiel eher verwirrt und verunsichert, wenn die Mutter ärgerlich oder tadelnd etwas zu ihnen sagt und dabei lächelt – was Väter übrigens weit seltener tun. In diesem Fall sind die Väter kongruent in ihrem Verhalten, denn bei ihnen passen Worte und Mimik zusammen, bei den Müttern nicht.[64] Sagt man natürlich etwas Boshaftes und lächelt dazu auch boshaft, so passt es wieder.

Apropos: Natürlich gibt es auch beim Lächeln eine Menge Variationen. Man kann nervös lächeln oder strahlend, verkniffen oder ironisch, verlegen oder mühsam. Auch ein schiefes Lächeln kennen wir – es kommt immer dann zustande, wenn wir uns mit der einen Hirnhälfte zu einem Lächeln »zwingen«, während die andere Hirnhälfte nicht mitspielt. Denn unsere beiden Gesichtshälften werden von jeweils der gegenüberliegenden Hirnhälfte gesteuert.[65]

Doch die Frage ist: Kann man auch bei einem symmetrischen Lächeln erkennen, ob es echt ist oder nur aufgesetzt? Man kann es – aber nur, wenn wir sehr genau hinschauen! Der französische Forscher Duchenne de Boulogne erkannte schon 1862, dass beim echten Lächeln der sogenannte Augenringmuskel, der zu einer deutlichen Verengung der Augen führt, beteiligt ist, während beim falschen Lächeln die Augen nicht involviert sind.[66] Denn wir können zwar die Muskeln, die den Mund nach oben ziehen, willentlich steuern, nicht aber den Augenringmuskel!

Das ist übrigens auch der Grund, warum man (siehe Regel 7) mit der Augenpartie schlechter lügen kann als mit der unteren Gesichtshälfte, die vom Mund beherrscht wird. Unbewusst nehmen wir den Unterschied zwischen echtem und falschem Lächeln wahr,

---

[64] Nancy M. Henley, Körperstrategien, a. a. O., S. 254.
[65] In der Regel können wir die rechte Gesichtshälfte eher willentlich beeinflussen.
[66] Uncharmanterweise hat man das falsche Lächeln nach ihm benannt; es heißt im Fachjargon »Duchenne-Lächeln«.

wenn wir jemandem sehr nahe sind, denn das echte Lächeln wirkt ansteckender auf die Umgebung als das falsche. Ein weiterer Hinweis auf ein falsches Lächeln ist, dass es wie auf Knopfdruck angeschaltet, aber auch wieder abgeschaltet werden kann, während das echte Lächeln meist eine längere »Auslaufphase« hat.

Ist Ihnen eigentlich schon aufgefallen, dass man es früher nicht für notwendig oder angemessen hielt, zu lächeln oder gar zu lachen, wenn man fotografiert wird? Ältere Bilder zeigen, dass die Menschen selbst bei fröhlichen Anlässen, ja sogar bei ihrer Hochzeit sehr ernst in die Kamera schauten. Das hat vermutlich zwei Gründe: Zum einen war es noch etwas Besonderes, fotografiert zu werden. Diesem »Ereignis« trug man mit ernster Feierlichkeit Rechnung. Zum anderen sahen die Menschen keinen Grund, immer fröhlich wirken zu müssen und womöglich Gefühle vorzutäuschen, die sie im Moment des Fotografiertwerdens gar nicht hatten. Diese Ernsthaftigkeit wäre heute undenkbar – es herrscht, sobald ein Fotoapparat auf uns gerichtet wird, eine Art »Lächelzwang«. Insgesamt ist unsere Gesellschaft jedoch sicher nicht fröhlicher geworden; auch hier trügt oft der Schein.[67]

Die menschliche Mimik besteht jedoch aus mehr als nur Lächeln, schließlich ist unsere Mundpartie auch dann intensiv beteiligt, wenn wir negative Emotionen haben. Empfinden wir zum Beispiel häufig Groll oder Verachtung, Wut oder Bitterkeit, so führt das zu einem charakteristischen Zug um den Mund. Auch das Kinn kann Gefühle unterstreichen. Es wird beim Basisgefühl der Wut in charakteristischer Weise nach vorn geschoben, was dem Wütenden, verbunden mit zusammengepressten Lippen, ein wild entschlossenes Aussehen verleiht. Verräterisch ist auch, wenn jemand vor Staunen, Überraschung oder Schreck »die Kinnlade herunterfällt«, was meist mit einem halb oder ganz geöffneten Mund verbunden ist.

---

[67] Die Einzigen, die immer noch eher ernst und düster in die Kamera blicken (dürfen), sind Künstler und Intellektuelle oder Gelehrte, die damit ihr Leiden an der Welt, ihre Ernsthaftigkeit oder ihren Tiefsinn zum Ausdruck bringen.

Seelische Spannung wird immer auch auf die Lippen übertragen. Jeder Mensch hat seine charakteristische Weise, wie er oder sie die Lippen anspannt. Bei geringer Spannung werden sie einfach schmaler, bei starker Spannung sieht man, wie die Lippen aufeinandergepresst werden. Manche ziehen, zum Beispiel wenn sie verlegen oder nervös sind, die Lippen nach innen. Erst recht sieht man es, wenn sich jemand auf die Lippen beißt, entweder um damit Spannung abzuführen oder um etwas zu unterdrücken (Schmerz, Ärger etc.). Wer dies allerdings zu oft und zu lang tut, wirkt auf seine Umgebung »verbissen«! Breite Lippen, wie sie in unserer heutigen Gesellschaft beliebt sind, gelten hingegen als Signal für Entspanntheit, aber auch für Sinnlichkeit und Jugendlichkeit, denn bei vielen Menschen werden die Lippen im Lauf des Älterwerdens schmaler. Der Schmollmund, für den Brigitte Bardot berühmt war, kann allerdings auch ein kindliches Signal sein, bei dem als Zeichen von Unmut oder Protest die Lippen nach vorne gewölbt (»geschürzt«) werden. Auch eine vorgeschobene Unterlippe signalisiert Zorn.

Interessant ist darüber hinaus, wann ein Mensch seine *Zunge* sehen lässt. Viele Menschen beziehen ihre Zunge mit ein, wenn sie bei einer Tätigkeit sehr konzentriert bei der Sache sind. Manche stecken die Zungenspitze zwischen den Lippen hindurch, manche bewegen sie dabei auch noch eifrig hin und her. Ein genüssliches Belecken der Lippen mit der Zunge wird von vielen als erotisches Signal gedeutet. Das Herausstrecken der Zunge gilt dagegen als grobe Beleidigung.[68]

Da wir unbewusst genau wissen, wie aussagekräftig der Mund ist, tasten wir mit unseren Augen im Gesicht eines anderen Menschen vorwiegend seine Mund- und Augenpartie ab.[69] Jede Veränderung seiner Mimik wird registriert, und vor allem im Gespräch sind solche Veränderungen oft wichtige Hinweise. Sagen wir z.B.

---

[68] Manche vermuten, dass dies ein Überbleibsel aus der Kindheit ist: Wenn Kinder etwas nicht essen wollen oder wieder ausspucken, strecken sie dabei meist die Zunge heraus.

[69] Desmond Morris, a.a.O., S. 116.

etwas aus unserer Sicht Harmloses und bemerken, dass sich die Miene unseres Gegenübers plötzlich »verdüstert«, so ist dies ein Hinweis, dass wir offenbar ein Gefühl des Ärgers, der Betroffenheit oder der Traurigkeit ausgelöst haben. Oft gehen damit auch plötzliche Änderungen der Kopfhaltung oder der Blickrichtung einher.

Ein geübter Beobachter achtet außerdem vor allem auf sogenannte *Mikrobewegungen*, also sehr feine, fast unmerkliche Veränderungen der Mimik. Sie dauern nur eine viertel bis halbe Sekunde und weisen meist auf Gefühle hin, die das Gegenüber verbergen möchte – oder auf einander widerstreitende Emotionen, die zu einem schnellen Wechsel im Mienenspiel führen können. Beispielsweise können wir, wenn uns etwas sehr amüsiert, nur schwer ernst bleiben. Auch wenn wir uns anstrengen und uns das Lachen »verbeißen« (!), so gelingt uns dies meist nicht die ganze Zeit über, und hin und wieder huscht blitzartig ein Lächeln über unser Gesicht. Wer hingegen Angst hat, wütend oder sehr erschöpft ist, will dies nicht in jeder Gesellschaft zeigen. Doch wenn wir die Person lange genug beobachten, werden wir sehen, wie zwischendurch die beherrschte Miene kurz entgleist. Es ist, als ob für einen Moment ein Vorhang beiseitegeschoben würde und wir das »wahre Gesicht« bzw. die wahren Gefühle des anderen in diesem Moment sehen. Manchmal ist es nur ein Zucken der Mundwinkel unseres Gegenübers, während wir etwas sagen – und wir merken, dass er oder sie in dem Moment emotional bewegt ist.

Und was hat das auffälligste Signal unseres Mundes, nämlich das *Gähnen*, zu bedeuten? Normalerweise gilt Gähnen als Zeichen von Müdigkeit oder Langeweile. Es tritt interessanterweise jedoch auch auf, wenn Menschen unter Spannung stehen.[70] Das ist ein gutes Beispiel dafür, wie wichtig es ist, die gesamte Situation zu beachten, bevor man aus einem Gähnen einen möglicherweise völlig falschen Schluss zieht (siehe Regel 9).

[70] Peter Collett, a.a.O., S. 57 ff.

Fehlt noch die *Nase*! Der schöne Ausdruck »naserümpfend« macht deutlich, dass es zumindest *ein* Gefühl gibt – nämlich Ekel, Widerwillen oder Verachtung –, bei dem die Nase deutlich in Mitleidenschaft gezogen wird. Nehmen Sie einen Spiegel und verziehen Sie Ihr Gesicht so, als ob Sie etwas ekeln würde. Durch das gleichzeitige Hochziehen der Mundwinkel und Zusammenkneifen der Augen kräuselt sich die Haut unterhalb der Nasenwurzel. Wer hingegen »hochnäsig« ist, also eine gewisse Überheblichkeit zur Schau stellt, zeigt dies durch seine Kopfhaltung: Er oder sie legt den Kopf leicht in den Nacken, wodurch die Nasenspitze automatisch in die Höhe wandert.

4. Gestik der Hände und Füße, Berührungen

Umarme den, der dir gefällt,
Vorbei ist er dir leicht verloren (...)
Umarme ihn, wenn eine Glut
Dich vorwärts drängt, ihn zu begrüßen.
Dann leg ihm deinen Mut zu Füßen.

Joachim Ringelnatz

Im Lauf unseres Lebens lernen wir je nach Kultur eine Menge Gesten, mit denen wir Sprache sogar teilweise ersetzen (siehe Regel 2). Wir winken beispielsweise zur Begrüßung oder zum Abschied, wir ziehen die Schultern hoch und drehen die Handflächen nach oben, wenn wir etwas nicht wissen. Wir klopfen jemandem anerkennend auf die Schulter und recken den Daumen hoch, wenn wir uns selbst oder jemand anderen für seine Leistung beglückwünschen. Zeigen wir hingegen einem anderen Menschen den gestreckten Mittelfinger, so wollen wir die Person aufs Vulgärste beleidigen.

Auch viele Hinweissignale der Hände sind erlernt, wie man beim Autofahren beobachten kann. Mich hat einmal ein Autofahrer überholt, der zu mir herüberschaute und mehrmals ruckartig seine Faust öffnete, indem er alle fünf Finger wegspreizte. Schließlich kapierte ich: Er wollte mich darauf hinweisen, dass ich das Licht anschalten sollte. Wechseln wir die Landesgrenzen, begegnen wir neuen Gesten, deren Bedeutung uns erst jemand erklären muss.

Als »unangefochtene Spitzenreiter« im Benutzen von Gesten gelten in Europa die Italiener. Schon im Jahr 1581 notierte ein Engländer, dass der Italiener, da er so viele Gesten beim Reden benutzt, von einem Engländer, der ihn nur sieht, aber nicht hört, für jemand gehalten würde, der entweder etwas vorspiele oder aber den Verstand verloren habe. Im Vergleich dazu wirke ein deutscher

Pfarrer, der von der Kanzel predige, wie gelähmt.[71] Daran hat sich wohl nicht allzu viel geändert ...

Der Sinn aller *erlernten* Gesten ist es, dem Gegenüber etwas *willentlich* mitzuteilen. Doch es gibt auch Gesten, mit denen wir uns selbst *unwillkürlich* ausdrücken. Sie sind sehr vielfältig, und man kann sie, wie Desmond Morris, in unzählige Sparten unterteilen. Ich beschränke mich auf folgende fünf Kategorien:

- Gesten, mit denen wir Sprache unterstreichen
- Barrieresignale
- Dominanzsignale
- Selbstenthüllungsgesten
- Selbstberührungen

Gesten, mit denen wir Sprache unterstreichen

Es ist sowohl kulturell gelernt als auch eine Sache des persönlichen Temperaments, wie intensiv wir das, was wir sagen, mit begleitenden Handbewegungen versehen. Sind diese Bewegungen aufgrund von Temperament, Erregung oder Nervosität schnell und hektisch, so spricht man von »wildem Gestikulieren«. Es führt beim Gegenüber, sofern es nicht vom gleichen Temperament ist, leicht zu steigender Anspannung, die unter Umständen sogar in offenen Tadel mündet (»Dein Gefuchtel macht mich ganz nervös!«). Besser ertragen können wir eine lebhafte Gestik, wenn der Redner in einiger Entfernung von uns agiert. Er kann mit Bewegungen der Finger, der ganzen Hand oder sogar des Armes das, was er sagt, verstärken oder einfach nur betonen, das heißt: ihm Nachdruck verleihen. Er kann das Gesagte »nachmalen« (z. B. Größen beschreiben) oder durch Abzählen der Finger in eine Reihenfolge bringen (erstens ... zweitens ... drittens).

Besonders aufschlussreich sind Gesten, die einen aggressiven Beigeschmack haben, z. B. wenn die Faust geschüttelt oder gar aufs Rednerpult geschlagen wird. Auch eine Hand, die mit der Handkante nach unten wie ein Beil auf und nieder bewegt wird, wirkt

---

[71] Zitiert bei Peter Collett, a. a. O., S. 330.

nicht gerade friedlich, ebenso wenig wie der auf das Gegenüber gerichtete bohrende Zeigefinger. Der russische Politiker Nikita Chruschtschow ging 1960 mit einer höchst aggressiven, aber originellen Geste in die Geschichte der Körpersprache ein: Während einer Rede vor den Vereinten Nationen wurde er so wütend, dass er sich einen Schuh auszog und mit ihm erregt aufs Rednerpult schlug.

Leider kann man heute mit einiger Übung bei vielen Rednern, vor allem Politikern und Menschen, die im Fernsehen auftreten, beobachten, dass sie bestimmte Gesten einstudiert haben, um ihren Auftritten mehr Farbe zu geben. Dies gehört zum Programm der künstlich gelernten Körpersprache, die oft zum Wesen dieser Person überhaupt nicht passt und für den geübten Beobachter etwas deutlich Gekünsteltes an sich hat.

Barrieresignale

Wie Morris anhand von Fotos zeigte, kreuzen viele Menschen, wenn sie sich den Blicken der Öffentlichkeit ausgesetzt sehen, einen oder beide Arme vor dem Körper, als ob sie ihn schützen müssten. Sie tun dies, indem sie scheinbar etwas an ihrer Kleidung zurechtrücken oder etwas überprüfen (zu Zeiten der Manschettenknöpfe fummelten Männer gerne daran herum, heute wird eher zur Krawatte gegriffen, oder man schiebt den Ärmel zurück und wirft einen Blick auf die Uhr). Manche machen sich an ihren Knöpfen zu schaffen oder greifen – als Frau – zu der Tasche, die sie seitlich über der Schulter tragen. Sicher sind auch Sonnenbrillen deshalb so beliebt, weil sie als eine Barriere zwischen unseren Augen und den Blicken der Umwelt dienen.

Ein sehr deutliches Barrieresignal, das wir alle sowohl im Sitzen als auch im Stehen verwenden, ist das Verschränken der Arme vor dem Körper. Geschieht dies in Brusthöhe, also mit hochgezogenen Schultern, so wirkt es abweisend und defensiv (als müsste das Herz geschützt werden).[72] Hingegen kann ein Verschränken der Arme in Bauchnabelhöhe auch das Gegenteil von Abwehr signa-

---

[72] Abgesehen von anderen Möglichkeiten wie Frösteln etc.

lisieren, nämlich Entspanntheit, beispielsweise während man sich mit jemandem unterhält oder auf etwas wartet oder einer längeren Darbietung zuschaut (siehe Regel 9).

Dominanzsignale

Wie schon an mehreren Stellen erwähnt, geht es bei der menschlichen Körpersprache immer auch um Fragen der Rangordnung und des Anspruchs auf eine besondere Stellung. Häufig zeichnen sich Dominanzsignale deshalb durch eine betonte Entspanntheit aus, die der Umwelt signalisiert: »Ich kann mir das leisten, ich bin so selbstbewusst.« So fällt bei Männern in Gesprächsrunden manchmal auf, dass sie, sobald sie das Wort ergreifen, die Arme hinter dem Kopf verschränken. Auch wer breitbeinig dasitzt, gar ein Bein quer über das andere legt oder die Beine hochlegt, demonstriert entweder Entspanntheit und hohes Selbstbewusstsein – oder schlechte Manieren. Grundsätzlich ist »Sich breitmachen«, wie wir beim Thema »Raumanspruch« gesehen haben, immer ein Dominanzsignal. In Westernfilmen fällt auf, dass die Anführer gern eine breitbeinige Pose einnehmen und dabei womöglich noch die Hände in die Hüften stemmen, was geradezu aufreizend selbstbewusst wirkt (wobei allerdings auch der Zweck verfolgt wird, die Hand möglichst nahe am Revolver zu haben).

Auch über das Begrüßungssignal des Händedrucks kann Dominanz ausgedrückt werden: Wie stark ist der Druck, wie lange wird die Hand geschüttelt? Zieht einer den anderen per Handschlag zu sich her, dreht einer der Beteiligten seine Hand so, dass sie *auf* der Hand des anderen liegt? Ergreift er dazu noch mit der anderen Hand den Arm des Gegenübers (was freundschaftlich, aber auch besitzergreifend wirken kann)?

Selbstenthüllungsgesten

Es liegt nahe, dass über die Hände und Füße emotionale Anspannung signalisiert wird. Man kann sagen: »Wer bewegt ist, bewegt etwas.« Deshalb gehen fast alle Emotionen mit Bewegungen einher, in denen die innere Spannung nach außen drängt. Bei den

Basisemotionen haben wir Menschen recht ähnliche Gesten: Wer wütend ist, ballt und schüttelt die Faust; wer entsetzt ist, schlägt die Hände vor den Mund; wer sich freut, wirft die Arme in die Luft usw. Bei anderen Gefühlen sind die Bewegungen individuell verschieden. Häufig versuchen wir allerdings auch, unsere emotionale Erregung zu verbergen. Wir wollen nicht nervös oder aufgewühlt erscheinen, sondern den Eindruck eines gelassenen und selbstbeherrschten Menschen vermitteln, z. B. beim Fliegen – und dennoch weiß eine erfahrene Flugbegleiterin, welche ihrer Passagiere eher aufgeregt sind. Sie muss nur, sofern es ihre Zeit erlaubt, deren Hände beobachten, denn daran zeigt sich die innere Unruhe. Das gilt natürlich auch außerhalb des Flugzeugs. Aufgeregte Menschen kneten ihre Hände ineinander oder falten sie nervös, andere trommeln mit den Fingern auf irgendeiner Unterlage, wieder andere reiben die Hände aneinander oder »drehen Däumchen«, manche kauen gar an den Fingernägeln usw.

Besonders interessant sind jedoch die sogenannten »Übersprunghandlungen«: Damit bezeichnet man Aktivitäten von Händen oder Füßen, die auf den ersten Blick keinen unmittelbaren Zusammenhang zu unserer inneren Anspannung erkennen lassen. Eine beliebte Geste dieser Art, die vielleicht noch aus Babyzeiten herrührt, besteht darin, sich bei Aufregung oder Anspannung etwas in den Mund zu stecken. Statt Daumen, Fläschchen oder Schnuller müssen häufig Zigaretten herhalten.[73] Viele Raucher nutzen den Griff zur Zigarette auch als Spannungsabfuhr – man kann sich buchstäblich an etwas festhalten; außerdem wirkt Rauchen beruhigend *und* anregend zugleich auf das Nervensystem. Eine wesentlich unschädlichere Art des Umgangs mit Anspannung ist, etwas zu kauen, z. B. Kaugummi. Bei Fußballtrainern kann man auffallend häufig beobachten, dass sie während der Spiele nervös Kaugummi kauen: In der Tat wurde festgestellt, dass das Kauen ihnen hilft, Stress abzubauen. Nach meinem Eindruck dient auch das Handy

---

[73] Manche nehmen auch den Bügel ihrer Brille in den Mund oder das Ende ihres Bleistifts, Kulis usw.

zahlreichen Zeitgenossen dafür, ihre innere Unruhe – oder das Gegenteil, nämlich Langeweile – zu bekämpfen: Permanent kann man daran herumfingern und Tasten drücken.

Viele Menschen gewöhnen sich auch eine ganz persönliche Übersprunghandlung an, wenn sie verlegen oder angespannt sind. Ich selbst habe mich des Öfteren dabei ertappt, dass ich spontan zu meinem Wasser- oder Weinglas griff und einen Schluck trank, wenn mich jemand im Zwiegespräch mit einer Äußerung in Verlegenheit brachte. Was könnte ich damit bezwecken? Einerseits lenke ich mit dieser Geste von meinem (vielleicht errötenden) Gesicht ab, andererseits halte ich mich an dem Glas kurz fest. Und drittens gewinne ich durch das Trinken Zeit, bevor ich reagiere.

Auch Wut äußert sich, wenn sie nicht direkt ausgelebt werden kann, häufig in Übersprunghandlungen: Viele Menschen knüllen ein Papier oder Taschentuch zusammen, oder sie werfen wütend etwas zu Boden, wenn nicht sogar durch die Luft. Bei Männern kann man nicht selten beobachten, dass sie den nächstbesten Gegenstand, der ihnen vor die Füße kommt, ärgerlich wegkicken – eine Spannungsabfuhr, die über die Beine geht. Zu dieser Rubrik gehört übrigens auch das Aufstampfen mit einem Fuß, das schon Kinder praktizieren. Gerade die Beine sind nämlich, wenn man nervös ist, besonders schwer zu kontrollieren, weshalb angespannte Menschen auch häufig von einem Fuß auf den anderen treten. Sitzende, die angespannt sind, scharren regelrecht mit den Füßen, wippen mit den Beinen und ändern immer wieder die Beinhaltung. Ein Beispiel: Ein auffallendes Kennzeichen der Körpersprache des bayrischen Politikers Franz Josef Strauß war, dass er am Rednerpult, wenn er emotional sehr engagiert war (und das war er fast immer), rhythmisch mit den Füßen auf und ab wippte.[74]

---

[74] Symbolisch will jemand, der sich freiwillig auf die Zehenspitzen stellt, größer erscheinen. Andererseits war typisch für F. J. Strauß, dass er beim Reden häufig den Kopf duckte wie ein angreifender Stier, was ihn wiederum kleiner erscheinen ließ.

Selbstberührungen

Viele Übersprunghandlungen haben den eigenen Körper zum Ziel. Menschen, die angespannt sind, streichen sich durch die Haare oder durch den Bart, fassen sich an die Wangen oder an die Stirn, reiben sich die Nase, kratzen sich am Kopf, zupfen sich am Ohrläppchen usw. Solche Gesten, bei denen der eigene Körper berührt wird, nennt man Autokontakte (von griechisch: autos = selbst). Sie erfüllen neben der Aufgabe, Spannung abzuleiten, noch einen weiteren Sinn: Sie dienen der Selbstberuhigung. So wie man einen anderen Menschen unwillkürlich anfasst oder streichelt, um ihn bei Aufregung zu beruhigen oder bei Kummer zu trösten, so verfolgt auch die Selbstberührung diesen Zweck. Das häufigste Ziel unserer Autokontakte ist der Kopf, wobei Frauen sich öfter in die Haare fassen und Männer sich häufiger an der Schläfe berühren. Doch vor allem Berührungen an der Nase nehmen bei innerer Anspannung auffallend zu!

Es verwundert deshalb nicht, dass Autokontakte bei Menschen, die sehr verlegen sind oder gar die Unwahrheit sagen, gehäuft vorkommen. Doch nicht nur, wenn man sich bei zu viel Anspannung beruhigen möchte, berührt man sich selbst, sondern auch zum Zwecke der Stimulation (bei zu wenig Spannung). Wenn Menschen sich langweilen oder sich mühsam wach halten wollen, nimmt die Zahl der Selbstberührungen auffallend zu – ein Signal für den Redner, endlich zum Schluss zu kommen.

Auch hier sollte man selbstverständlich mehrere Signale miteinander vergleichen, bevor man ein einzelnes Signal deutet. Außerdem besteht immer die Möglichkeit, dass sich jemand im Gesicht oder am Kopf berührt, weil es ihn dort gerade juckt! Wieder ist nicht die Einzelgeste, sondern die Summe der Signale entscheidend.

Berührungen

»Das hat mich sehr berührt« oder »Das ging mir unter die Haut«, sagen wir, wenn etwas tiefe Emotionen in uns hervorrief. Und in der Tat werden starke Gefühle häufig von einer Gänsehaut begleitet, was in den Redewendungen »Das ist ja haarsträubend!« und »Mir stehen die Haare zu Berge« zum Ausdruck kommt.

Der Mensch ist existenziell auf Berührung angelegt.[75] Etliche Untersuchungen zeigen, dass Kinder, die in den ersten Lebensmonaten viel berührt und gestreichelt werden, weniger weinen, besser schlafen, geistig wacher, aufmerksamer und zufriedener sind – was deutlich macht, dass sie körperlich, geistig und seelisch von den Streicheleinheiten profitieren (inzwischen werden deshalb auch schon Kurse in »Babymassage« angeboten!). Frühgeborene, die täglich 45 Minuten massiert wurden, legten beispielsweise doppelt so viel und so schnell an Gewicht zu wie Frühgeborene, denen man diese Berührungstherapie nicht zuteilwerden ließ.

Das Bedürfnis nach Berührung ist jedoch nicht auf die Kindheit beschränkt. In einem New Yorker Krankenhaus wurden die Krankenschwestern darin trainiert, ihre Patienten während der Arbeit mit einem ganz bestimmten inneren Bewusstsein zu berühren – man nannte es »therapeutische Berührung«. Die Folge: Die Patienten waren insgesamt entspannter und zeigten weniger Ängste! Wie mir eine Masseurin und Krankengymnastin im persönlichen Gespräch mitteilte, vermutet sie, dass mindestens die Hälfte ihrer Patienten und Patientinnen auch deshalb zu ihr kommt, weil sie sich nach sanfter oder zumindest freundlicher Berührung sehnt. Besonders Alleinstehende leiden hierzulande oft unter einem Mangel an Körperkontakt. Weshalb hierzulande? Weil die Deutschen zusammen mit den Nord- und Mitteleuropäern sowie den weißen Nordamerikanern eher zu den distanzierten und berührungsarmen Völkern gehören. Wo Wert auf Abstand gelegt wird, ist man auch mit Körperkontakt zurückhaltend.

Hierzu ein interessantes Experiment: Man wollte wissen, wie oft sich Paare berühren, die an Tischen in einem Café sitzen und sich unterhalten.[76] Beobachtet wurden die Paare eine Stunde lang, und zwar in Gainsville (Florida), San Juan (Puerto Rico), London und Paris. Bitte verteilen Sie folgende vier Werte auf die vier Städte:

---

[75] Auch Lernen hängt eng mit Berühren und Betasten zusammen, wie die Wörter »Begreifen« und »Erfassen« deutlich machen.

[76] Ob es Freundes- oder Liebespaare waren, wird in dem Bericht nicht erwähnt. Vgl. Henley, a.a.O., S. 147.

180-mal, 110-mal, 2-mal und 0-mal. Das Ergebnis: In London gab es überhaupt keine Berührungen, in Florida konnten ganze 2 Berührungen gezählt werden. In Paris »hagelte« es 110 Berührungen in einer Stunde und in Puerto Rico fanden sage und schreibe 180 Berührungen statt.[77]

Allerdings ist es überall auf der Welt streng reglementiert, an *welchen* Körperpartien man einen fremden oder wenig vertrauten Menschen berühren darf. Ganz allgemein gilt die Regel: Je vertrauter uns ein Mensch ist, desto mehr Berührungszonen sind erlaubt. Bei fremden oder nicht nahestehenden Personen bleibt als zulässige Berührungszone nur der Bereich von der Hand über den Unter- und Oberarm hinauf bis zu Schulter und Rücken. Tabu sind Kopf, Brust und Bauch sowie Gesäß und Unterleib. Auch Kinder mögen es nicht unbedingt, wenn sie am Kopf oder im Gesicht, geschweige denn am Körper gestreichelt werden, deswegen sollte man auch hier zurückhaltend sein.

Es gibt mindestens drei Funktionen des Berührens:

- Berühren als Dominanzsignal
- Berühren als Sympathie- und Zuneigungssignal
- Berühren als Zeichen von Vertrautheit

Berühren als Dominanzsignal

Wenn Sie auf einem Firmenempfang eingeladen sind und durch bloße Beobachtung herausfinden möchten, wer wie hoch in der Rangordnung steht, so müssen Sie lediglich darauf achten, wem die meisten (auch verstohlenen) Blicke gelten und wer wie oft andere Menschen berührt. In allen Kulturen gilt nämlich das ungeschriebene Gesetz: Berühren darf der Ranghöhere den Rangniedrigeren, aber nicht umgekehrt. Der Chef kann seinem Mitarbeiter anerkennend auf die Schulter klopfen mit den Worten: »Das haben Sie wirklich gut gemacht!«, aber der Mitarbeiter kann nicht umgekehrt dem Chef schulterklopfend Lob spenden.

---

[77] Dies zeigt, dass Frankreich innerhalb von Mitteleuropa aus dem Rahmen fällt: Die Franzosen sind – man denke an ihre herzliche Begrüßung mit angedeutetem Wangenkuss – sehr berührungsfreudig.

Alle Menschen halten sich an diese Regel (berührt werden darf immer nur von »oben« nach »unten«), doch die wenigsten haben sich jemals bewusst gemacht, was sie eigentlich zu bedeuten hat. Sie bedeutet: Der Ranghöhere darf ungefragt in die Intimzone eines anderen Menschen eindringen – dem Rangniedrigeren ist dies nur unter seinesgleichen gestattet (Personen auf gleicher Ebene dürfen sich sehr wohl gegenseitig berühren). Umgekehrt kann man deshalb sagen: Wer einen anderen Menschen von sich aus berührt (und nicht nur eine Berührung erwidert), der signalisiert damit, dass er sich diesem anderen entweder ebenbürtig oder sogar in gewisser Hinsicht überlegen fühlt. Kommt beispielsweise hoher Staatsbesuch in ein Land, so darf der Staatchef seinen Gast einladend am Rücken berühren, um ihn zum angestrebten Ort zu führen – ist er beim Gegenbesuch, wird diese Berührungsgeste von *seinem* Gastgeber ausgehen.

Ein Beispiel, wie streng diese Gesetze beachtet werden: Alle Welt konnte am 9. April 2009 im Fernsehen Zeuge sein, wie die frischgebackene Präsidentengattin der USA, Michelle Obama, am Ende eines Empfangs beim Staatsbesuch in Großbritannien ihre Gastgeberin, Königin Elizabeth, im Gehen kameradschaftlich am Rücken berührte, man könnte auch sagen: halb den Arm um sie legte. Das war – samt Beweisfoto – *die* Schlagzeile am nächsten Tag: »Michelle Obama hugs Queen« (hug = umarmen). Sofort hagelte es Kommentare, die besagten, dass Michelle Obama dies auf keinen Fall hätte tun dürfen, denn erstens war sie die Eingeladene, zweitens ist »die Queen« von vornherein die Ranghöhere, und drittens darf überhaupt *niemand* die englische Königin – abgesehen vom offiziellen Handschlag – berühren.[78] Und wie ging Königin Elizabeth mit diesem herzlich gemeinten Fauxpas um? Sehr souverän: Sie revanchierte sich und legte ihrerseits halb den Arm um Michelle Obama – entweder ein Versuch, mit ihrem Gast wieder

---

[78] Laut britischem Palast-Protokoll darf in der Tat niemand die Queen berühren! Wer gegen dieses Verbot allerdings auch spontan verstieß, war 1992 der australische Premierminister Paul Keating. Wahrscheinlich war die damalige Aufregung nicht bis zu Michelle Obama vorgedrungen.

»auf Augenhöhe« zu sein (körperlich war das allerdings nicht möglich, da Michelle Obama wesentlich größer ist als die Königin), oder ein spontanes Zeichen eigener Herzlichkeit (oder beides).

Das ungeschriebene Gesetz, dass immer nur der Statushöhere den Statusniedrigeren berühren darf, wird übrigens auch in weniger hohen Kreisen respektiert: Polizist darf verdächtigen Zivilisten berühren, aber nicht umgekehrt, Lehrer darf Schüler berühren, aber nicht umgekehrt. Ärztin darf Patientin selbstverständlich berühren, aber nicht umgekehrt, Therapeut darf Klienten berühren, aber nicht umgekehrt, Ältere berührt eher Jüngere usw. Da wir uns an diese Regel schon sehr früh gewöhnen, ohne dass wir sie uns jemals bewusst machen, lassen wir uns oft auch Berührungen dann noch gefallen, wenn wir sie schon längst als unangenehm oder unpassend empfinden. Hier ist es – auch angesichts der vielen Fälle von sexuellem Missbrauch – dringend geboten, gerade Kinder und Jugendliche zu ermutigen, dass sie keine Berührungen von Erwachsenen dulden, die sie nicht haben möchten.

Wer allerdings auch in vielen Fällen Ermutigung braucht, sind Frauen. Viele Untersuchungen zeigen, dass Frauen sich deutlich mehr von Männern berühren lassen, als dass sie ihrerseits Männer berühren.[79] Damit signalisieren die Frauen, dass sie sich als die »Statusniedrigeren« sehen, auch wenn sie das de facto überhaupt nicht sind. Untereinander sind Frauen jedoch berührungsfreudiger als Männer.[80] Warum also sind sie den Männern gegenüber so zurückhaltend? Die Antwort liegt nahe: Frauen haben Angst, dass ihre Berührungen falsch interpretiert werden, nämlich als sexuelle Signale (»Anmache«). Selbstbewusste Frauen lassen sich allerdings von dieser Angst nicht leiten. Sie berühren Männer ebenfalls und trauen sich zu, etwaige Missverständnisse souverän klären zu können.[81]

---

[79] Nancy M. Henley, a. a. O., S. 150 und S. 166.
[80] Nandy M. Henley, a. a. O., S. 152 und S. 162, ebenso Peter Collett, a. a. O., S. 279. Collett erwähnt auch, dass Mädchen als Kinder schon mehr berührt werden als Jungen.
[81] Ich selbst handhabe es so und habe noch nie die unangenehme Erfahrung gemacht, dass mir ein Mann sexuelle Interessen unterstellt hätte. Natürlich achte

Berühren als Sympathie- und Zuneigungssignal

Bisher ging es um sogenannte vertikale Berührungen, die »von oben nach unten« gerichtet sind. Die Mehrzahl der Berührungen, die wir geben und empfangen, sind höchstwahrscheinlich jedoch horizontale Berührungen, sozusagen »von gleich zu gleich«. Man erkennt sie daran, dass man als Empfänger jederzeit die Freiheit hat, sie zu erwidern. Mit dieser Art von Streicheleinheiten bringen wir Sympathie und Zuneigung, Nähe und Vertrauen zum Ausdruck. Am augenfälligsten sind solche Zuneigungsgesten, wenn sie über längere Zeit aufrechterhalten werden: Menschen zeigen sich Hand in Hand, untergehakt oder gar Arm in Arm in der Öffentlichkeit und signalisieren damit, welch tiefe Verbundenheit sie füreinander empfinden. Wer einen anderen flüchtig oder länger berührt, zeigt damit: »Ich mag dich, du bist mir wichtig, ich genieße deine Nähe und bin dir gut gesonnen.« Diese Botschaft tut jedem Menschen gut (weshalb der Begriff »Streicheleinheit« inzwischen auch dann verwendet wird, wenn damit ein verbales Signal der Wertschätzung gemeint ist).

Doch mit Berührungen *zeigen* wir nicht nur Sympathie und Vertrauen, wir können beides auch beim Empfänger *hervorrufen*, denn Menschen lieben es, berührt zu werden – sofern die Berührung nicht aufdringlich wirkt oder zu distanzlos ist. Männer untereinander scheinen in unserer Kultur insgesamt etwas weniger berührungsfreudig zu sein als Frauen, vielleicht sind sie jedoch nur stärker gehemmt.[82] Möglich ist auch, dass sie ihren Wunsch nach Körperkontakt lediglich anders ausleben, z. B. indem sie sich mehr gegenseitig mit dem ganzen Körper scherzhaft anrempeln, was man bei Frauen so gut wie nie beobachtet.

Ein interessantes Experiment zeigt, dass wir sogar auf unbewusst erlebte Berührungen positiv reagieren: Ein Bibliotheksangestellter

---

ich darauf, bei Berührungen dem Mann nicht gleichzeitig auch noch tief in die Augen zu schauen, um die Missverständnisgefahr nicht unnötig zu steigern.

[82] In muslimischen Ländern sah ich des Öfteren auch Männer Hand in Hand oder Arm in Arm gehen, was sich bei uns in Deutschland kein heterosexueller Mann traut aus Angst, für homosexuell gehalten zu werden. Offenbar ist diese Angst nicht überall so ausgeprägt.

wurde angewiesen, einen Teil derjenigen zu berühren, die ein Buch bei ihm abgaben. Er konnte dies unauffällig tun, da er jedem Benutzer eine Leihkarte überreichte, wenn das Buch zurückkam. Anschließend wurden die Versuchspersonen gefragt, wie sie sich fühlen und wie sympathisch ihnen der Angestellte ist. Das Ergebnis war eindeutig: Diejenigen, die berührt wurden, waren positiver gestimmt und bewerteten den Angestellten besser als jene, die nicht berührt worden waren.[83]

Berühren als Zeichen von Vertrautheit

In höheren sozialen Schichten wird in der Regel sehr viel Wert auf Distanz gelegt, weshalb es nicht verwundert, dass die Menschen sich dort seltener gegenseitig berühren. Als Lady Diana ins britische Königshaus einheiratete, fiel sie auch deswegen sofort aus dem Rahmen, weil sie trotz ihrer adligen Herkunft auffallend berührungsfreudig war. Sie gab fremden Menschen und Aidskranken die Hand, sie nahm einfache oder kranke Menschen in den Arm, und sie liebkoste in aller Öffentlichkeit ihre beiden kleinen Söhne William und Harry – was bis dahin in der königlichen Familie undenkbar war. Kein Wunder, dass sie in dieser Familie immer als Fremdkörper angesehen, doch vom Volk wegen ihrer Nähe zu den Menschen mehr und mehr geliebt wurde.

Auch Sportarten wie Fußball oder Handball, bei denen es zu intensivem Körperkontakt kommen kann, wurden von Angehörigen höherer Schichten einst eher gemieden.[84] Nicht zuletzt galt das Tanzen mit engem Körperkontakt früher als ein Vergnügen des »einfachen Volkes«, während die Damen und Herren des Adels bis Anfang des 19. Jahrhunderts in gemessenem Abstand ihre Menuett-Tanzschritte setzten (dann erst begann der Siegeszug des Walzers).

Eine besondere Form der Vertrautheit oder des Vertrauens sind Begrüßungen. Ein Handschlag bedeutet Körperkontakt, aber mit

---

[83] Nancy M. Henley, a. a. O., S. 174.
[84] Auch heute noch dürfte das Gros der Bundesligaspieler nicht aus akademischen Kreisen kommen. Wie es bei den Frauen aussieht, wo Fußball eine andere und wesentlich kürzere Tradition hat, ist mir allerdings nicht bekannt.

Abstand, wohingegen eine Umarmung Vertrautheit und Herzlichkeit gleichzeitig signalisiert. Allerdings kann man auch in eine Umarmung noch eine gewisse Distanz hineinlegen, indem man den anderen sozusagen nur mit dem Oberkörper berührt, das Becken samt den Beinen und Füßen jedoch auf Abstand hält. Auch das kumpelhafte Auf-den-Rücken-Klopfen während der Umarmung kann eine Bedeutung haben: Peter Collett interpretiert es als Signal, dass der Klopfende die Umarmung wieder beenden möchte.[85]

Es ist zunehmend auch hierzulande in vielen Kreisen üblich, sich bei Begrüßung und Abschied nicht nur zu umarmen, sondern diese Umarmung auch noch mit »Küsschen rechts, Küsschen links« zu begleiten. Der Kuss wird dabei in der Regel nur mit einem Schnalzlaut angedeutet. Wird diese besonders innige Grußform zum normalen Begrüßungs- und Abschiedsritual, so verliert sie ihre Aussagekraft und sagt nichts mehr über die tatsächliche Nähe und Sympathie der Beteiligten zueinander aus. Eine Umarmung, die hingegen von einem echten Kuss auf die Wange begleitet wird, hat nach wie vor einen hohen Grad an Intimität und weist auf große Zuneigung hin.[86]

Ein nicht unwichtiger Nebeneffekt von Umarmungen ist im Übrigen, dass man sein Gegenüber dabei *riechen* kann. Gerüche wandern direkt ins limbische System, das Gefühle auslöst, weswegen Gerüche spontan entweder als angenehm oder als unangenehm bewertet werden. Wie stark tatsächlich Sympathie und Antipathie auch über Gerüche gehen können, machen die Redewendungen deutlich: »Den kann ich nicht riechen«, bzw.: »Zwischen uns stimmt die Chemie (nicht).«[87]

---

[85] Peter Collett, a. a. O., S. 185. Es fällt auf, dass dieses Klopfen häufiger zwischen Männern als zwischen Frauen zu beobachten ist.

[86] Interessanterweise kann ein Kuss auch eine Übersprunghandlung sein, mit der innere Erregung abgeleitet wird: Wenn Menschen, vor allem Frauen, nach längerer Anspannung plötzlich ein Entwarnungssignal bekommen und erleichtert sind, küssen sie oft spontan denjenigen, der ihnen dieses Entwarnungssignal gibt, links und rechts auf die Wangen. Bei Filmen mit versteckter Kamera (»Verstehen Sie Spaß?«) ist dies gelegentlich zu beobachten.

[87] Abgesehen davon spielt der Geruch in der Anziehung der Geschlechter eine große Rolle. »Geruchlich am ehesten zueinander hingezogen fühlen sich

5. Stimme und Sprechweise

Es hat sich alles verändert nach der Hochzeit.
Früher begrüßte mich mein Hund durch Gebell,
und meine Frau brachte mir die Pantoffeln.
Heute bringt mir der Hund die Pantoffeln,
und meine Frau bellt mich an.

Aus einem Gerichtsprotokoll

38 Prozent des Eindrucks, den ein Mensch auf uns macht, hängen von seiner Stimme und Sprechweise ab, behauptete Albert Mehrabian. Es war das Ergebnis mehrerer Experimente, die der amerikanische Sozialpsychologe bereits 1972 durchführte. Er wollte wissen: Wie stark wird unser Urteil über einen Menschen durch seine Mimik beeinflusst, wie stark durch Stimme und Tonfall und wie stark durch seine Worte? Seine Erkenntnisse erstaunten die Fachwelt: Wenn wir mit einem Menschen sprechen, so spielt für unseren Eindruck von ihm (positiv – negativ, überlegen – unterlegen, freundlich – feindlich) zu 55 Prozent die Mimik eine Rolle, zu 38 Prozent Stimme und Tonfall und nur zu 7 Prozent der Inhalt dessen, was der andere sagt.[88]

Das bedeutet: Wir messen der Stimme eine enorm große Aussagekraft über einen Menschen zu – das ist *ein* Teil der Erklärung. Der andere Teil: Wir sind, schon lange bevor wir sehen können,

---

Männer und Frauen, die sich offensichtlich immunologisch (= was ihre Immunsysteme betrifft) nicht zu ähnlich, aber auch nicht zu fremd oder andersartig sind (…) Evolutionsbiologisch macht dies Sinn: Eine zu große Ähnlichkeit, vor allem bei naher Verwandtschaft der Partner, birgt eine Menge genetischer Komplikationen (…) Andererseits können zu große Differenzen (im Immunsystem, d. Verf.) zu Abstoßungsreaktionen bzw. Schwangerschaftskomplikationen führen.« Thomas Hülshoff, Emotionen, München 1999, S. 141 f.

[88] Ich glaube allerdings nicht, dass man die Anteile prozentual so präzise festschreiben kann. Sicher hat in vielen Fällen der Inhalt auch mehr Gewicht für die Beurteilung eines Redners.

hörende Wesen und behalten unsere bereits im Mutterleib gebilde-
te Sensibilität für Klänge und Stimmen lebenslänglich bei.[89] »Die
Welt ist Klang«[90], und jede Stimme hat ihren so eigenen, unver-
wechselbaren Klang, dass sie uns auch lange nach dem Tod eines
Menschen, wenn sein Bild vielleicht schon langsam in uns ver-
blasst, immer noch ganz und gar gegenwärtig ist.

Angesichts dieser Einzigartigkeit und Bedeutung der Stimme
verwundert es nicht, dass so viele Wörter der deutschen Sprache
daraus abgeleitet sind: Wir sind nicht in *Stimmung*, etwas ist nicht
stimmig oder *stimmt* genau. Jemand kann sehr be-*stimmt* etwas
sagen, aber auch äußerst ver-*stimmt* sein. »Die Mama ist der Be-
stimmer«, erklärte mir ein Kind einmal voller Respekt. Wer sich
einig ist, kann getrost ab-*stimmen,* denn die Wahl wird vermutlich
ein-*stimmig* ausfallen.

Stimmlage

Als ich Barack Obama zum ersten Mal im Präsidentschaftswahl-
kampf der USA sah und hörte, fiel mir sofort seine erstaunlich tiefe
und voll klingende Stimme auf. Diese Stimme war und ist äußerst
vorteilhaft für ihn, denn mit tiefen Stimmen verbinden Menschen
automatisch Dominanz und Autorität.[91] Tatsächlich versuchen Personen, die nach Macht streben, ihre Stimme zu senken, wohingegen Menschen – vor allem Frauen –, die harmlos und brav erscheinen möchten, ihre Stimme gern (unnatürlich) hochschrauben.
Wer gelegentlich alte deutsche Filme anschaut, wird bemerken,
dass die Frauen (z. B. Lilian Harvey) früher höhere Stimmen hatten
als heute. Das war keineswegs naturgegeben, sondern es entsprach
dem Weiblichkeitsideal der damaligen Zeit. Eine höhere Stimme
wirkt auch auf Kinder weniger furchterregend als eine tiefe Stim-

---

[89] Allerdings ist die Sensibilität bei Kindern ausgeprägter als bei Erwachsenen.
[90] Nada Brahma, Die Welt ist Klang, Frankfurt am Main 1983.
[91] Tatsächlich beweist eine gründliche Untersuchung von acht amerikanischen
Wahlkampagnen zwischen 1960 und 2004, dass in jeder von acht Wahlen der
Kandidat mit der tieferen Stimme auch die meisten Wählerstimmen bekam!
Vgl. Peter Collett, a. a. O., S. 143.

me, weshalb wir, wenn wir ein Baby ansprechen, automatisch die Stimme heben (es gibt keine »Babysprache« in tiefer Stimmlage).

Männer hingegen senken in der Regel ihre Stimme, wenn sie eine Frau für sich einnehmen möchten. Sollte die Frau sie nur hören und nicht sehen, z. B. beim Telefonieren, so haben die Männer Erfolg: Tatsächlich, so das Ergebnis eines Experiments, fanden Frauen die Männer mit tiefen Stimmen attraktiver als Telefonpartner mit höheren Stimmen. Was aber verbindet eine Frau mit einer tieferen Stimme? Vermutlich eine höhere Körpergröße – was recht wahrscheinlich, aber durchaus nicht sicher ist. In der Tat haben groß gewachsene Männer in der Regel auch längere Stimmlippen (= Teil der Stimmbänder), wodurch sich eine tiefere Tonlage ergibt. Es gibt aber auch kleine Männer mit tiefer Stimme und große Männer mit eher hoher Stimme (ganz auffällig war die hohe Stimme des enorm großen Otto von Bismarck!). Außerdem, aber dies dürfte Frauen nicht bewusst sein, haben Männer mit Bass- oder Baritonstimme meist einen höheren Testosteronspiegel (= männliches Geschlechtshormon) als ihre Geschlechtsgenossen in Tenorlage.[92]

Bei Frauen ist weniger die Stimm*höhe* für das andere Geschlecht anziehend als vielmehr die Art, *wie* sie sprechen. Besonders verführerisch wirkt auf manche Männer eine »gehauchte« Stimme, wie sie beispielsweise die Schauspielerin Hannelore Elsner oft benutzt. Es hört sich an, als ob der Stimme besonders viel Luft beigemischt wäre. Dieses Timbre hat etwas Andeutendes, Geheimnisvolles und Zurückhaltendes an sich. Auch wer traurig ist, spricht aufgrund der schlaffen Stimmbänder oft verwaschener und leiser. Trauer und Zurückhaltung sind deswegen in der Stimme nicht so leicht zu unterscheiden, hier müssen – wie immer – weitere Signale berücksichtigt werden.

Wollen Frauen allerdings in Berufsrollen, die bisher Männern vorbehalten waren, erfolgreich sein, so sollten sie auf gar keinen Fall eine Klein-Mädchen-Stimme mitbringen. Sowohl die

---

[92] Peter Collett, a. a. O., S. 65 und S. 281. Ein hoher Testosteronspiegel geht häufig auch mit höherem Durchsetzungsvermögen einher.

Mehrzahl der Nachrichtensprecherinnen als auch der Talkmaste-
rinnen (besonders auffällig: Anne Will) haben meines Erachtens
tiefere Stimmen als die meisten deutschen Frauen ihres Alters. Damit signalisieren diese Frauen Selbstbewusstsein und Dominanz:
»Menschen mit tieferer Stimme werden als reifer, kompetenter und
sympathischer eingestuft als Menschen mit hoher Stimme.«[93]

Doch für beide Geschlechter gilt: Mit der Stimme kann man
schwer lügen! Angst, Anspannung und Aufregung greifen auf die
Stimmbänder über und drücken sich in der Stimme aus. Sie wird
automatisch höher und monotoner, und häufig spricht der Betreffende auch schneller. Für diese Veränderung ist außer den Stimm-
bändern vor allem das Zwerchfell mitverantwortlich. Es ist der
größte Muskel des Körpers und regelt unter anderem den Luft-
strom durch die Kehle. Das Zwerchfell ist aber auch das sensibels-
te Messinstrument für Verspannungen – sobald irgendein Muskel
unseres Körpers stark angespannt wird, ist sofort auch der Fluss
unseres Atems mit beeinflusst. Man spricht dann oft mit gepresster,
atemloser oder heiserer Stimme.[94]

Dazu ein interessantes Experiment: Drei Gruppen von Studenten sollten herausbekommen, ob sie von ihrem Gegenüber angelo-
gen werden. Eine Gruppe sollte auf das Gesicht achten, die zweite
Gruppe auf die Stimme, der dritten Gruppe ließ man die freie
Wahl, auf was sie achteten.

Welche der drei Versuchsgruppen war am erfolgreichsten? Antwort: diejenige, die auf die Stimme achtete – sie erkannte am häufigsten, ob jemand sie anlog. Verblüffend war, dass Männer dabei

[93] Psychologie heute, November 1995, »Was die Stimme verrät«, S. 23. Interessant wäre, ob eine Frau wie Dagmar Berghoff, die als eine der ersten weiblichen Nachrichtensprecherinnen eine eher hauchige, also sehr feminine Stimme hatte, heute noch als Nachrichtensprecherin engagiert würde. Ich bezweifle
es. Nancy Henley, a. a. O., stellt fest (S. 114): »Da man die tiefere Stimmlage
mit Männern assoziiert (…), misst man dem, was Frauenstimmen sagen, offenbar mehr Gewicht bei, wenn sie tiefer klingen.« Dazu passt die Tatsache,
dass die Stimmen der Frauen in den letzten Jahrzehnten im Durchschnitt tiefer
geworden sind, was nicht nur der höheren Körpergröße zuzurechnen ist. Vgl.
Psychologie heute, November 1995, »Was die Stimme verrät«, S. 23.
[94] Vgl. »Über die Stimme zum Selbst«, Psychologie heute, November 1995,
S. 24-27.

eine noch höhere Trefferquote hatten als Frauen, obwohl Frauen in der Regel mehr auf Körpersprache achten. Der Hauptgrund für dieses Ergebnis dürfte sein: Wer nur hört, wird nicht abgelenkt von dem, was er sieht. Der mit 12 Jahren erblindete französische Schriftsteller Jacques Lusseyran erzählt in seiner Autobiografie[95], dass er während des Zweiten Weltkriegs im französischen Widerstand engagiert war. Bewarb sich jemand als neuer Mitarbeiter, so wurde der Betreffende zu Jacques Lusseyran gebracht, der sich mit ihm längere Zeit unterhielt. Er sollte herausfinden, ob der Bewerber es ehrlich meinte oder ob er ein verdeckter Spion war, der sich einschmuggeln wollte. Warum verließen sich die Widerstandskämpfer auf das Urteil des Blinden? Weil er anhand seiner feinen akustischen Antennen die Stimmlage und Sprechweise seines Gegenübers sehr genau wahrnahm und heraushörte, ob jemand log oder nicht!

Bei Angst – oder ihrem Gegenteil: Langeweile – wird darüber hinaus auch die Sprechmelodie monotoner, da die angespannten – oder zu schlaffen – Stimmbänder keine großen Variationen mehr erlauben. Als Zuhörer empfinden wir eine Stimme, die gleichbleibend monoton ist, schnell als ermüdend. Je mehr der Redner es hingegen schafft, über seine Sprachmelodie Gefühle zu transportieren (natürlich auch über den Inhalt), desto leichter kann er seine Zuhörer fesseln. Allerdings muss er wirklich hinter dem stehen (!), was er sagt! Die jüdische Weisheit »Was von Herzen kommt, geht auch zu Herzen« gilt nämlich in ganz besonderem Maße für die Art und Weise, wie wir anderen Menschen etwas erzählen oder mitteilen. Je mehr wir unsere Worte emotional »aufladen«, desto eher sprechen sie auch bei unseren Zuhörern das Gefühlszentrum an. Sie lauschen uns nicht nur konzentrierter und aufmerksamer, sondern können sich das Gehörte auch besser merken. Allerdings kann eine zu starke Gefühlsbetonung auch ins Gegenteil umschlagen und beim Zuhörer Widerwillen und Abwehr erzeugen – »man merkt die Absicht und ist verstimmt« oder fühlt sich genötigt.[96]

---

[95] Das wiedergefundene Licht, Gütersloh 1982.
[96] Man denke an die Redewendung: »auf die Tränendrüsen drücken«!

Doch auch wenn wir gar nicht die Absicht haben, über unsere Stimme unseren Gefühlszustand mitzuteilen: Vertraute Menschen werden ihn dennoch erraten, denn die Stimme verrät unsere Stimmung. Wir sprechen mit jemandem, der uns gut kennt, per Telefon oder Handy, und schon nach wenigen Sätzen kommt die Frage: »Sag mal, stimmt (!) etwas nicht? Deine Stimme hört sich so … an!« Geübte Zuhörer füllen die Lücke mit einem präzisen Adjektiv (»… so müde, so traurig, so ärgerlich, so missmutig …«), ungeübte nutzen eher vage Beschreibungen (»so seltsam, so komisch, so gepresst …«). Meist haben sie recht mit ihrem Eindruck – außer wir sind erkältet oder heiser.

Sprechweise

Auch die Sprechweise verrät viel über einen Menschen – und über die Gesellschaft, in der er aufgewachsen ist. Sowohl der Tonfall als auch die Tonhöhe, in der wir sprechen, sind, wie schon erwähnt, nicht angeboren. Wir lernen sie, wie die Sprachmelodie, von unserer Umgebung. Wie flüssig spricht jemand oder wie abgehackt, wie laut oder leise, und wie schludrig oder präzise ist seine Aussprache? Wir empfinden ein zu langsames Reden als ermüdend und werden bei zu schnellem Reden leicht nervös – in beiden Fällen lassen wir uns von der unbewusst vermuteten Gemütslage des Sprechers anstecken (nervöse Menschen reden eher schneller, während Müde, Depressive und Traurige eher langsamer sprechen). Hinter sehr langsamem Reden kann allerdings auch ein Bemühen um Überlegtheit und Selbstkontrolle stehen.

Zu lautes Sprechen wirkt auf uns aufdringlich (»Will er mich von etwas überzeugen?«), zu leises Sprechen erweckt eher den Eindruck von Schüchternheit und Unsicherheit. Beides kann aber auch ein Versuch sein, Dominanz auszuüben – der laut Sprechende, indem er alle anderen übertönt, der leise Sprechende, weil alle »die Ohren spitzen« müssen, um ihn zu verstehen.

Sowohl in unserer deutschen als auch beispielsweise in der englischen Sprache erkennen wir an der Stimmhöhe am Ende eines Satzes, ob der Sprecher eine Frage stellt oder eine Feststellung macht. Bei einer Frage wird die Stimme am Ende angehoben, bei einer Feststellung wird sie abgesenkt. Versuchen Sie doch einmal, eine Frage zu äußern und dabei am Ende die Stimme abzusenken – es wird Ihnen schwerfallen.

Wollen wir allerdings signalisieren, dass wir mit unseren Ausführungen noch nicht zu Ende sind, senken wir am Ende eines Satzes unsere Stimme nicht ab (was in geschriebener Sprache einem Komma entspricht). Doch selbst dann sind wir nicht dagegen gefeit, von ungeduldigen Zuhörern unterbrochen zu werden. Wer lässt sich eher unterbrechen, Männer oder Frauen? Frauen lassen sich von Männern eher unterbrechen – womit die Frauen wieder einmal an der falschen Stelle Nachgiebigkeit signalisieren. Es ist nämlich immer der vermeintlich Ranghöhere, der unterbrechen darf! Frauen sollten diese Respektlosigkeit nicht hinnehmen, sofern sie mit einem Mann auf Augenhöhe sind oder sein möchten. Frauen werden auch eher ernst genommen, wenn sie sich selbstsicher ausdrücken (zum Beispiel keine »… oder?«- und »… nicht wahr?«- Satzenden). Dazu gehört auch, mit fester Stimme (= bestimmt) zu reden, sofern es die eigene Position erlaubt oder nötig macht, und auf den Konjunktiv bewusst zu verzichten.

Eine sehr treffende Redewendung unserer Sprache lautet: »Der Ton macht die Musik!« Sie macht deutlich, dass wir über unsere Sprechmelodie und Tonlage auch unsere Einstellung dem Mitmenschen gegenüber zum Ausdruck bringen. Der Zuhörer hört es unserer Stimme an, ob wir verärgert sind oder enttäuscht, ob wir etwas ironisch meinen oder entrüstet, ob wir vorwurfsvoll, gereizt oder ungeduldig sind. Jede Art von Verstimmung wird auch über die Stimme mitgeteilt! Unsere spontane Reaktion auf Verstimmung ist es, ebenfalls verstimmt oder zumindest verunsichert zu sein. Meist reagieren wir deshalb nach der Devise: »Wie es in den Wald hineinschallt, so hallt es zurück.« Das ist der ideale Einstieg für eine beidseitig wachsende Verstimmung, die bis zu offenem Streit und anschließendem Rückzug gehen kann. Üblich sind aber auch gereizte Protestäußerungen wie: »Was ist denn das für ein Ton?«, oder noch schärfer: »Nicht in diesem Ton!« Meist führen solche Vorwürfe nicht weiter, weil sie zu aggressiv und unpräzise sind.

Konstruktiv wäre es, das emotionale Signal, das man über die Stimme zu hören meint, konkret zu benennen und möglichst sachlich nach dem Grund zu fragen: »Deine Stimme hört sich vorwurfsvoll an – hast du etwas anderes von mir erwartet?« Oder: »Deine Stimme hat einen gereizten Unterton, täusche ich mich oder ärgert dich etwas?« Sagt daraufhin unser Gegenüber: »Da täuscht du dich!«, dann kann man allenfalls noch zurückfragen: »Bist du sicher?« Dann aber sollte man es erst einmal dabei bewenden lassen. Es hat nämlich keinen Sinn, jemanden auf Gefühle anzusprechen, sofern er sich dieser Gefühle gar nicht bewusst ist und sich auch ihrer nicht bewusst werden will oder sie leugnet. In dieser Situation hilft nur, geduldig und gelassen auf der Sachebene zu bleiben und sich gegebenenfalls energisch abzugrenzen!

Fazit: »In der rechten Tonart kann man alles sagen, in der falschen nichts« (George Bernard Shaw).

Körpersprache in den Evangelien

Jesus spürte, dass Kraft von ihm ausgegangen war, und drehte sich um und fragte: »Wer hat mich berührt?«

Markus 5,30

In den Evangelien des Neuen Testaments werden zahlreiche Begegnungen Jesu mit den unterschiedlichsten Menschen geschildert. Vielen dieser Geschichten merkt man an – vor allem in den ersten drei Evangelien –, dass sie erst längere Zeit mündlich überliefert wurden, bevor jemand sie zu Papier brachte. Bei Mund-zu-Mund-Erzählungen beschränkt man sich auf das Wichtige und Wesentliche, deshalb werden Signale der Körpersprache nur erwähnt, wenn sie für den Inhalt des Erzählten von Bedeutung sind. Von daher ist es kein Wunder, dass wir relativ wenig wissen über Gestik und Mimik, Augensprache und Stimme Jesu. Leider wird auch nirgends erwähnt, dass Jesus gelacht oder gelächelt hätte. Von den vielen Menschen, mit denen er zu tun hatte, gibt es ebenfalls wenige Notizen, was ihre Körpersprache betrifft. Umso interessanter ist das, *was* berichtet wird.

1. Körpersprachliche Signale von Menschen, die mit Jesus zu tun hatten[97]

Haltung

• Keine Haltung von Menschen, die Jesus begegnen, wird so häufig erwähnt wie der *Kniefall*. Es ist eine willentliche und bewusste Haltungsveränderung, die Unterwerfung und Ehrerbietung symbolisiert. Wer vor jemandem »niederfällt«, wie es in den Evangelien heißt, macht sich klein und bringt damit seine untergeordnete Stellung, seinen Abstand oder seine Abhängigkeit zum Ausdruck. Ein Kniefall kann auch ein Hinweis auf tiefe Ergriffenheit sein (man denke an den Kniefall von Willy Brandt in Warschau), auf jeden Fall wird er als Zeichen der Demut und des Respekts vor dem jeweiligen Gegenüber gedeutet.

In den meisten Begegnungen mit Jesus sind es *Menschen in Not*, die Jesus »kniefällig« um Hilfe bitten: Erwähnt werden Väter und Mütter, die um Heilung ihrer Kinder bitten (Matthäus 9,18; 15,28; 17,14). Aussätzige fallen auf die Knie mit dem inständigen Wunsch, von Jesus geheilt zu werden (Matthäus 8,2), ebenso Personen, die von unreinen Geistern besessen sind (Markus 3,11; 5,6), sowie Menschen, die um Erbarmen bitten oder ihre Ehrfurcht bekunden (Markus 5,33 und Lukas 5,8). Ein reicher Mann, der Jesus um eine Auskunft bittet, kniet vor ihm nieder (Markus 10,17), desgleichen ein Aussätziger – einer von zehn –, der geheilt wurde und ihm mit Kniefall dankt (Lukas 17,16). Auch die Mutter, die um eine besondere Auszeichnung der Söhne bittet, kniet vor Jesus nieder (Matthäus 20,20).

---

[97] Der Überschaubarkeit halber zitiere ich Stellen aus dem Markus-, Lukas- oder Johannesevangelium nur dann, wenn sich keine Parallelstelle im ersten Evangelium, bei Matthäus, findet. Wenn ich lediglich Matthäus zitiere, ist es deshalb durchaus möglich, dass sich entsprechende Parallelstellen bei Markus und Lukas finden.

- Ein ganz anderes körpersprachliches Signal betrifft die Frage der Sitzordnung. Jesus kritisierte die Männer, die bei Einladungen den obersten Platz forderten (Markus 12,39) und damit ihren Anspruch auf besondere Ehrung deutlich machten. Er empfahl seinen Zuhörern eindringlich, bei Einladungen gerade nicht »obenan« zu sitzen (Lukas 14,8).

Stimme

Häufig wird berichtet, dass Menschen, mit denen Jesus zu tun hatte, schrien, auch verstanden im Sinne von »rufen«. Wer schreit, bringt damit entweder Dringlichkeit, Not, Schmerz, Furcht, Wut oder Begeisterung zum Ausdruck. Auf jeden Fall signalisiert Schreien einen Zustand von großer Erregung und Gemütsbewegung.

Zwei von unreinen Geistern besessene Männer schreien, weil sie sich vor Jesus fürchten (Matthäus 8,29), ebenso bitten Kranke schreiend (d.h. wohl: laut rufend) um Heilung (Matthäus 9,27; 20,30; Lukas 17,13 und 18,38). Eltern, die für ihre kranken Kinder um Hilfe bitten, tun dies mit lauter Stimme (Matthäus 15,22; Markus 9,24; Lukas 9,38). Seine Jünger schreien vor Angst (Matthäus 14,26.30), wohingegen die Jerusalemer Bevölkerung vor Begeisterung für Jesus »Hosianna« schreit (Matthäus 21,9).

Geste

- Berührungen sind eine besonders intensive Form, mit einem Menschen Kontakt aufzunehmen, und von ihnen ist in den Evangelien erstaunlich oft die Rede. Menschen berührten Jesus vornehmlich, weil sie sich davon Heilung erhofften (Matthäus 14,36; Markus 3,10; Lukas 6,19). Zum ersten Mal wird dies von der an Blutfluss leidenden Frau erzählt. Sie berührt Jesus heimlich, da sie aufgrund ihrer Krankheit nach jüdischem Denken unrein ist und einen Mann nicht berühren darf (Matthäus 9,20). Auch eine »stadtbekannte Dirne«, die aufgrund ihres Gewerbes unrein ist und Jesus nicht berühren dürfte, tritt kühn von hinten an ihn heran und salbt ihn mit kostbarer Salbe (Lukas 7,38), was Jesus ausdrücklich anerkennt.

- Seinen Jünger Thomas, der erst an die Auferstehung Jesu glauben will, wenn er ihn persönlich an seinen Wundmalen *berührt* hat, fordert Jesus auf, genau dies zu tun (Johannes 20,27).

- In seiner Gleichniserzählung von den zwei Söhnen (Lukas 15,11-32) betont Jesus, dass der Vater des »verlorenen« Sohnes diesem entgegenlief, als er ihn von Weitem kommen sah, ihm um den Hals fiel und ihn küsste – drei höchst intensive körpersprachliche Signale, denn ein orientalischer Vater läuft keinem Sohn entgegen. Jesus machte mit diesen Details seines Gleichnisses nicht nur deutlich, wie sehr der Vater den Sohn liebte, sondern auch, dass der Vater (= Gott) mit diesen Gesten die alte Rangordnung – hier das erhaben dasitzende Familienoberhaupt, dort der heimkommende gescheiterte Sohn – dank seiner Liebe außer Kraft setzte.

2. Körpersprachliche Signale Jesu

Haltung

- Ein einziges Mal wird von Jesus berichtet, dass er zum Gebet niederkniete, und zwar im Garten Gethsemane, als er Gott bat, ihm seinen Weg in den qualvollen Tod zu ersparen, wenn dies möglich sei (Matthäus 26,39).
- Eine Haltungsveränderung, die dagegen mehrere Male erwähnt wird, ist ein spontanes Sich umwenden Jesu. Offenbar drehte sich Jesus immer dann um, wenn er etwas besonders Wichtiges zu sagen hatte und die angesprochenen Menschen dabei direkt anschauen wollte. Jesus wendet sich um, als Petrus ihn von seinem Weg in das Leiden abhalten will (»Das widerfahre dir nur nicht!«; Matthäus 16,23). Dieser Protest des Petrus bedeutet eine Versuchung für Jesus, der er mit aller Entschiedenheit sofort wehren muss, was sich im abrupten Umdrehen ausdrückt. Auch wenn Jesus zu der ihm nachfolgenden Menschenmenge etwas höchst Wichtiges sagt, dreht er sich dazu um (Lukas 14,25 und 23,28).
- Kurz vor seiner Gefangennahme in Jerusalem hatte Jesus Petrus vorausgesagt, dass dieser ihn dreimal verleugnen würde. So geschieht es, und als der Hahn zum dritten Mal kräht, dreht sich Jesus, der wohl in einiger Entfernung zu Petrus im Hof des Hohepriesters steht, zu Petrus um und schaut ihn an (Lukas 22,61). »Und Petrus ging hinaus und weinte bitterlich.«
- Als eine an unstillbaren Blutungen leidende Frau ihn heimlich berührte, drehte sich Jesus, umringt von einer Menschenmenge, suchend um und fragte, wer ihn berührt hätte (Markus 5,30).
- Eine ungewöhnliche Haltungsveränderung Jesu wird uns von Johannes in der Geschichte mit der Ehebrecherin erzählt. Man hatte sie sozusagen in flagranti ertappt und schleppte sie zu Jesus, um ihn zu fragen, wie mit ihr verfahren werden sollte – nach dem Gesetz Moses wartete die Steinigung auf sie. Wir lesen: »Aber Jesus bückte sich und schrieb mit dem Finger auf die Erde. Als sie nicht aufhörten,

ihn zu fragen, richtete er sich wieder auf und sagte zu ihnen: ›Wer von euch ohne Sünde ist, der werfe den ersten Stein auf sie.‹ Und er bückte sich wieder und schrieb auf die Erde« (Johannes 8,6-8).

Was wollte Jesus mit dieser Geste sagen? Sich niederbücken beinhaltet, sich gegenüber den Umstehenden kleiner zu machen. Es bedeutet aber auch, sich abzuwenden, die Aufmerksamkeit einer anderen Sache zuzuwenden – in diesem Fall wohl dem Problem, mit dem Jesus sich befasste. War es eine Geste des Rückzugs, um besser nachdenken zu können? Nahm Jesus quasi mit dem »Wegbücken« eine Auszeit, weil er die Antwort gründlich überlegen musste? Das nehme ich an. Oder wollte er, dass auch die Umstehenden Zeit zur Besinnung fanden? Wollte er womöglich, dass sie lasen, was er in den Sand malte? Das ist unwahrscheinlich, denn wenn sie darin eine Antwort erkannt hätten, hätten sie nicht weitergefragt.

Augen

- Außer dem Blick zu Petrus (s. o.) sind drei weitere Blicke Jesu ausdrücklich erwähnt – sie müssen so eindringlich gewesen sein, dass niemand sie übersehen konnte. Ein intensiver Blick bedeutet eine intensive Hinwendung zu dem, den man anschaut. Einmal wird bei der Begegnung Jesu mit einem Rat suchenden Mann geschrieben: »Und Jesus sah ihn an und gewann ihn lieb« (Markus 10,21). Auch als er etwas besonders Wichtiges zu den Jüngern sagt, schaut er sie eindringlich an (Matthäus 19,26; Markus 8,33).
- Zweimal wird von Jesus berichtet, dass er weinte (Lukas 19,41; Johannes 11,35).
- Auch in einem seiner Gleichnisse erwähnt Jesus ein Signal der Augen: Der Zollbeamte, der betete, war sich seiner Schuld gegenüber Gott so sehr bewusst, dass er es nicht wagte, die Augen aufzuheben – ein Zeichen seiner Demut und Beschämung (Lukas 18,13).

Stimme

- Ein einziges Mal wird vermerkt, dass Jesus selbst geschrien hat, und zwar bei seinem qualvollen Sterben am Kreuz (Matthäus 27,46.50).

- Wie unverwechselbar nicht nur die Stimme sein kann, sondern auch die Art, wie jemand unseren Namen ausspricht, wird in der Begegnung des Auferstandenen mit Maria Magdalena deutlich: Sie erkennt Jesus erst, als er sie bei ihrem Namen nennt (Johannes 20,16).

Berührung

- Es war eines der auffälligsten Merkmale von Jesu Umgang mit Menschen, dass er im wahrsten Sinn des Wortes keine »Berührungsängste« hatte. Dies ist im direkten Sinn zu verstehen – er berührte viele Menschen und ließ sich berühren. Das gilt aber auch im übertragenen Sinn: Jesus hatte keine Angst, sich mit den unterschiedlichsten Menschen einzulassen – Freunde oder Fremde, Juden oder Heiden, Frauen oder Sünder, Kranke und Gesunde. Mit Berührung wird Verbundenheit sowie der Wunsch, dem anderen nahe zu sein, ausgedrückt.
  Jesus rührt oder fasst Kranke an (Lukas 4,40; 13,13; 14,4), auch, um sie wieder aufzurichten (Matthäus 8,15 und 9,25). Er berührt oft gezielt und heilend den erkrankten Körperteil eines Menschen (Augen: Matthäus 9,29 und 20,34; Markus 8,23; Johannes 9,6; Ohren: Markus 7,33). Auch scheut er sich nicht, hoch ansteckende Aussätzige (Matthäus 8,3) oder gar Besessene (Markus 9,27) zu berühren.
- Er segnet Kinder, die man zu ihm bringt (Matthäus 19,15).
- Drei seiner Jünger, die zutiefst geängstigt sind, berührt er, um sie zu beruhigen (Matthäus 17,7).

Geste

- Jemandem die staubigen Füße zu waschen galt als Zeichen der Ehrerbietung und Gastfreundschaft. Da es im buchstäblichen Sinn eine niedere und schmutzige Tätigkeit war, wurde sie an Knechte, Mägde oder Sklaven delegiert. Ein stolzer Hausvater wäre nie auf die Idee gekommen, seinem Gast persönlich die Füße zu waschen (vgl. Lukas 7,44).
  Umso bezeichnender ist, was im Johannesevangelium berichtet wird: Kurz vor seiner Gefangennahme, als Jesus mit seinen Jüngern zu Tisch sitzt, steht er plötzlich auf und beginnt, ihnen

reihum die Füße zu waschen und mit einer zuvor umgebundenen Schürze abzutrocknen (Johannes 13,5). Diese Geste will er ausdrücklich als »Beispiel« verstanden wissen, dem die Jünger nacheifern sollen. Die symbolische Aussage ist klar: Wer sich freiwillig zu solch einem niederen Liebesdienst herablässt, zeigt damit, dass er sich seines Wertes bei Gott völlig sicher ist. Ihm fällt kein »Zacken aus der Krone«, wenn er etwas tut, was er nicht tun müsste und was eigentlich unter seiner Würde ist. Die Liebe überwindet dieses Hierarchiedenken und tritt anstelle der Rang- und Hackordnungen, bei denen es immer nur um unseren Wert bei den Menschen geht.

• Wie unverwechselbar Gesten sein können, macht Lukas deutlich. Er erzählt, dass Jesus nach seiner Auferstehung mit zwei Männern wandert und spricht. Doch erst beim Abendessen erkennen sie ihn an der Geste, mit der er das Brot bricht (Lukas 24,31.35).

> Es ist aus meiner Sicht kein Zufall, dass gerade *die Gesten des Berührens* besonders häufig bei Jesus erwähnt werden. Damit fiel er auf, damit fiel er aus dem religiösen Rahmen seiner Zeit.

Was könnte seine bewusst gewählte und bewusst zugelassene Nähe zu den Menschen symbolisieren? Ich sehe eine doppelte Botschaft darin:

• Jesus wollte einer Religiosität, die von Abgrenzung und Absonderung geprägt war (»Pharisäer« bedeutet: der Abgesonderte), einen Glauben gegenüberstellen, der in erster Linie von menschlicher Verbundenheit und Gemeinschaft bestimmt wird.

Die jüdische Religion zur Zeit Jesu, wie sie besonders die Gruppe der Pharisäer vertrat, war stark beherrscht von der Sorge um die eigene Reinheit, die als wichtige Voraussetzung für Gottes gnädige Zuwendung angesehen wurde. Wer sich durch seinen Lebenswandel oder seinen körperlichen Zustand verunreinigte[98], konnte

---

[98] Unrein waren viele – etliche waren es kraft ihres Berufs, z.B. alle, die mit Blut oder Tod oder Kadavern zu tun hatten (Gerber) oder die mit den – per se unreinen – Heiden zusammenarbeiteten. Dazu zählten z.B. Zollbeamte. Frauen,

sich keine Hoffnung auf Gemeinschaft mit den Frommen machen. Denn diese betrachteten Unreinheit als etwas, das auf jeden übergeht, der damit in Berührung kommt. Und für Unreine gab es erst recht keine Hoffnung auf die Zuwendung Gottes. Deswegen war die Angst der Pharisäer vor »Kontamination« mit Unreinheit enorm groß, wie viele Erzählungen der Evangelien veranschaulichen, in denen es wegen dieses Themas zu Konflikten oder Kontroversen mit Jesus kommt.

- Jesus wollte deutlich machen, dass der Gott, an den er glaubte, ein Gott ist, der dem Menschen nahe ist – näher, als es der Mensch sich selbst sein kann. Ist es nicht so: Je näher ein Mann, eine Frau, ein Kind unserem Herzen stehen, desto wichtiger ist uns alles, was diesen Mann, diese Frau, dieses Kind betrifft und zu ihm gehört. Je näher uns ein Mensch steht, desto mehr Interesse haben wir an seinem Ergehen, seiner Persönlichkeit, seinen Schwierigkeiten. Nie würden wir zu einer Person, die uns viel bedeutet, angesichts eines Problems oder einer Bitte sagen: »Verschone mich mit dieser Kleinigkeit, solche Lappalien interessieren mich nicht!« Je gleichgültiger uns hingegen ein Mitmensch ist, desto weniger berührt uns sein Wohl und Wehe, desto distanzierter stehen wir seinem Leben und seiner Person gegenüber.

Genauso distanziert stellen sich auch heute viele Menschen Gott vor: »Ich glaube schon, dass es da irgendwo jemanden gibt …« Irgendwo, das heißt: weit weg, ohne Beziehung zu mir, ohne Kontakt, ohne Verbindung. Der Gedanke liegt ja auch nahe – angesichts der Dimensionen unseres Universums, angesichts der scheinbaren Zufälligkeit all dessen, was geschieht, angesichts der vielen Fehlentwicklungen in der Welt und angesichts des vielen Leides, von dem wir tagtäglich erfahren oder von dem wir selbst betroffen sind.

Es fällt auf, dass Jesus vom ersten Tag seiner Wirksamkeit an mit aller Entschiedenheit und Tatkraft gegen diese Vorstellung eines

---

die aufgrund von Menstruation, Geburt oder Krankheit Blut verloren, waren in dieser Zeit unrein, selbstverständlich auch Dirnen; ebenso die Träger bestimmter Krankheiten. Unrein waren auch alle Ärmeren, die sich nicht streng an die Speisevorschriften halten konnten – um nur einige Beispiele zu nennen.

distanzierten Gottes angekämpft hat. Tatsache ist, dass er mit seiner ganzen Person, seinen Worten, seinem Umgang mit den Menschen genau das Gegenteil verkörperte und verkündigte. Einmal sagte er zu seinen Zuhörern: »Selbst die Haare auf eurem Kopf sind (von Gott) gezählt!« Das kann nur bedeuten: Alles an uns interessiert Gott.

Wenn dieser Gott uns aber so nahe ist, wie Jesus all den Bedürftigen, die zu ihm kamen, nahe war (sie waren des Trostes, der Anerkennung und meist auch der Heilung bedürftig), dann bedeutet dies doch wohl, dass ihm auch nichts gleichgültig ist, was uns und unseren Lebensweg betrifft. Bevor wir uns an Gott wenden mit Dank oder Bitte, mit Frage oder Lob, mit Protest oder Problem, müssen wir nicht erst überlegen, ob das, was wir mitzuteilen haben, auch bedeutsam genug ist, um es vor Gott zu bringen. Wir müssen keine innere Zensur walten lassen, die zwischen wichtig und unwichtig, banal und nicht banal, kindlich und nicht kindlich sortiert. Gott wird uns in seiner Reaktion *ganz sicher* klarmachen, was er für wesentlich und wichtig hält – und was nicht.

Wenn dich jemand auf die rechte Wange schlägt …

»Wenn dich jemand auf deine rechte Backe schlägt, dem biete auch die andere dar …« (Matthäus 5,39), sagt Jesus in der Bergpredigt. Jede Art von Schlagen ist eine nonverbale, vorsätzliche Revierverletzung, die mit der Absicht geschieht, das Gegenüber zu erniedrigen und zu demütigen. Wer zuschlägt, signalisiert Missachtung und Ablehnung, häufig verbunden mit Wut, die dem anderen Schaden zufügen will.

Jesus interessiert sich offenbar nicht dafür, *weshalb* ein solcher Angriff auf unsere Würde und Unversehrtheit erfolgt, sondern nur dafür, wie wir auf diese Provokation *reagieren*. Bei seiner Empfehlung ist ein kleines Detail aufschlussreich: »Wenn dich jemand auf die *rechte* Backe schlägt …« Die rechte Backe kann ein Rechtshänder nur treffen, wenn er nicht, wie üblich, mit der Handinnenseite zuschlägt, sondern mit dem *Handrücken*. Versuchen Sie (wenn Sie Rechtshänder sind) einmal vorsichtig, bei einem Ihnen gegenüberstehenden Menschen eine Ohrfeige auf dessen rechter Wange zu platzieren! Es ist nicht möglich, Sie erreichen nur seine linke Gesichtshälfte. Wenn Sie partout die rechte Backe treffen wollen, müssen Sie einen Schlag ausführen, der nicht von rechts nach links, sondern von links nach rechts führt. Dann landen Sie mit Ihrem rechten Handrücken auf der rechten Backe Ihres Gegenübers. Dieser Schlag war im alten Orient im Vergleich zur normalen Ohrfeige (früher auch Backpfeife oder Backenstreich genannt) der demütigendere (und schmerzhaftere). Er wurde gezielt ausgeführt, wenn man einem Menschen seine tiefste Verachtung zeigen wollte. Wenn Jesus nun empfiehlt, in solch einem Fall auch die andere Wange hinzuhalten, so ist dies ebenfalls ein Signal der Körpersprache. Dieses Signal macht dem anderen klar: »Ich verzichte bewusst und freiwillig auf Rückschlag oder Rückzug.«

Welche Botschaften könnten in diesem nonverbalen Zeichen enthalten sein? Meines Erachtens sind es gleich mehrere Botschaften:

- »Ich lasse mich von deinen Emotionen (Ablehnung, Hass, Wut) nicht anstecken. Was ich dir gegenüber empfinde, entscheide ich und nicht du.«
- »Ich lasse mich von dir nicht erniedrigen. Wie ich deinen Schlag empfinde und bewerte (abgesehen davon, dass er körperlich wehtut), entscheide ich. Wenn *ich* es nicht will, kannst du mich damit nicht demütigen – auch nicht mit einem weiteren Schlag.«
- »Gewalt ist kein Mittel, um Konflikte zu lösen und Frieden in die eigene Seele zu bekommen oder Frieden zwischen Menschen zu erlangen. Deshalb verzichte ich auf Gegengewalt.«
- »Ich bin nicht bereit, in den Teufelskreis des Hasses (›Auge um Auge …‹) einzusteigen. Mein Ziel ist nicht Hass, sondern Verbundenheit. Sie kann nur erreicht werden, wenn einer es wagt, nicht Gleiches mit Gleichem zu vergelten, sondern dem Hass und der Abwertung eine Haltung des Respekts und der Friedensbereitschaft entgegenzusetzen.«

Wichtig ist, dass wir verstehen: Es ging Jesus mit dieser Empfehlung nicht darum, ein *generelles Verbot der Gegenwehr* zu verkünden – so weltfremd war er nicht! Auch Jesus hat sich schließlich mit deutlichen Worten gewehrt, als er geschlagen wurde (Johannes 18,22-23), und er ließ sich auch nicht wehrlos umbringen, als die Einwohner seiner Heimatstadt Nazareth ihn voller Hass von einem nahe gelegenen Felsen stürzen wollten. Stattdessen »ging er mitten durch sie hindurch« und kehrte wohl auch nie mehr nach Nazareth zurück (Lukas 4,30).

Die zentrale Botschaft der gesamten Bergpredigt Jesu ist aber, dass wir, gegründet in der Sicherheit, bei Gott geliebt und geborgen zu sein, ein Fundament der Liebe und des Selbstwertes haben, das über unsere eigenen Verstandes- und Gefühlskräfte weit hinausgeht. Dieses Fundament erlaubt uns, Menschen auch dann mit einer Haltung der Gelassenheit und Achtung zu begegnen, wenn sie uns diese Haltung ganz und gar nicht entgegenbringen. Wir können es uns als Gottes geliebte Kinder sozusagen »leisten«, nicht in jeder Situation lediglich mit Rückschlag oder Rückzug (die beiden klassischen Reaktionen auf Angriff) zu reagieren.

Nur wenn es genügend Menschen gibt, die sich dies leisten können und leisten wollen (auch mit dem Risiko, ausgenutzt und verletzt zu werden), wird sich der Wunsch nach »Frieden auf Erden« erfüllen, den wir alle als tiefste Sehnsucht in unseren Herzen tragen. Es ist auch die Sehnsucht Gottes.

Fazit: Bewusster Umgang mit Körpersprache – was ist der Gewinn?

Beurteile die Menschen nicht nach dem, was sie reden,
sondern nach dem, was sie tun.
Aber wähle zu deinen Beobachtungen solche Augenblicke,
in welchen sie von dir unbemerkt zu sein glauben.
Richte deine Aufmerksamkeit auf die kleinen Züge ...

ADOLPH FREIHERR VON KNIGGE

»Über sieben Brücken musst du gehn«, heißt es in dem bekannten Lied der ostdeutschen Rockgruppe »Karat«. Abgewandelt kann man sagen, dass mindestens sieben Brücken geschlagen werden, wenn wir unsere Körpersprache beobachten, deuten und besser beherrschen lernen – Brücken zum Verständnis unserer Mitmenschen, aber auch unserer selbst:

- Wo immer Sie sich befinden: Es wird Ihnen niemals langweilig, wenn Sie die Körpersprache Ihrer Mitmenschen beobachten. Man macht immer wieder überraschende Entdeckungen, erlebt aber auch viel Amüsantes und Spannendes. Vor allem im Ausland ist es höchst interessant, die dort üblichen Signale der Körpersprache zu studieren. Und wenn Sie ans Haus gebunden sind: Nirgends kann man Menschen so lange ungeniert anschauen, wie man will, wie im Fernsehen!
- Sie selbst können Ihre Begegnungen mit anderen Menschen interessanter gestalten, indem Sie Ihre Körpersprache bewusster einsetzen und darauf achten, wie Ihr Gegenüber darauf reagiert. Sie können Veränderungen vornehmen und beobachten, was geschieht.
- Wenn Sie einen bestimmten Eindruck hervorrufen möchten (der natürlich echt und nicht gekünstelt oder aufgesetzt sein sollte),

so wissen Sie durch Ihre Kenntnisse in der Körpersprache, durch welche Signale Sie diesen Eindruck unterstreichen können. Wollen Sie beispielsweise selbstbewusst wirken, sollten Sie auf eine feste Stimme und eine möglichst aufrechte Haltung mit Signalen der Offenheit (Augenkontakt, Berührungen …) achten, gepaart mit einer ruhigen Gestik. Vor allem für Frauen könnte es wichtig sein, ihre bisherigen Verhaltensmuster in puncto Körpersprache zugunsten einer selbstbewussteren Ausstrahlung zu verändern.

- Wenn Sie die Körpersprache eines Menschen genauer und aufmerksamer wahrnehmen, können Sie sich vor Täuschungen besser schützen. Beobachten Sie z. B. die Zeichen von Nervosität und innerer Anspannung bei Ihrem Gegenüber, wenn Sie sich nicht sicher sind, ob Sie ihm vertrauen können. Beobachten Sie seine Mimik, wenn er sich unbeobachtet glaubt, versuchen Sie, sein Lächeln genau zu erkennen (echt oder unecht?), usw. Passen Worte und Körpersprache zusammen? Ist die Körpersprache auf allen Kanälen stimmig? Je genauer wir beobachten, desto klarer wird uns, wie »authentisch«, das heißt: wie vertrauenswürdig ein Mensch ist. Gute Menschenkenner beobachten immer auch sehr genau die Körpersprache.

- Sie lernen bewusster auf die *Gefühls- und Beziehungsbotschaften* zu achten, die über die Körpersprache gesendet und empfangen werden. Diese Botschaften entscheiden über Sympathie oder Antipathie, über Gelingen oder Misslingen einer Begegnung! Menschen, die lernen, die Körpersprache bei sich und anderen zu beachten, können auf andere Menschen besser eingehen, und sie werden von ihren Mitmenschen als einfühlsam erlebt.

- Wenn Sie sich die Körpersprache Ihres Gegenübers bewusster machen, können Sie dadurch nicht mehr so leicht manipuliert werden. Bewusst oder unbewusst wird nämlich Körpersprache auf vielfältige Weise als Mittel der emotionalen Beeinflussung bis hin zur emotionalen Erpressung (»Psychoterror«) eingesetzt. Wir alle üben auf diese Weise Druck auf andere aus, damit sie sich so verhalten, wie es unseren Wünschen und Erwartungen entspricht. Je nach Person und Situation erzeugt Druck entweder Gegendruck oder (mehr oder weniger zähneknirschende) Nachgiebigkeit.

Körpersprache bewusst wahrzunehmen bietet eine dritte Möglichkeit: Sie gewinnen die Freiheit, souverän zu entscheiden, wie Sie reagieren wollen. Ein Beispiel: Sie merken, dass jemand immer dann mit der Stimme sehr laut wird, wenn er Sie einschüchtern oder unter Druck setzen möchte. Sobald Sie sich dies klarmachen, sind Sie in der Lage, diesem Druck leichter standzuhalten.

Ein anderes Beispiel: Sie sind im Gespräch mit einer Ihnen wichtigen Person. Dabei beobachten Sie: »Aha, jetzt setzt er/sie diese beleidigte Miene auf, bei der ich immer einknicke, weil ich keinen Unfrieden möchte.« Sie entscheiden sich, diesmal nicht nachzugeben, sondern bei der eigenen Position zu bleiben. (Die Voraussetzung für diese Entscheidung ist jedoch, dass Sie selbstsicher genug sind, um mit dem Liebesverlust fertig zu werden, der Ihnen zumindest kurzfristig droht, wenn Sie sich den Erwartungen Ihres Gegenübers nicht beugen![99])

- Sie lernen, Ihr Gegenüber gegebenenfalls auf seine nonverbalen Signale anzusprechen, anstatt darauf nur zu reagieren. Das ist immer dann empfehlenswert, wenn Sie spüren, dass Sie oder Ihr Gegenüber sich zunehmend angespannt, verunsichert, ärgerlich oder unwohlfühlen. Wenn Sie das verbalisieren, was Sie auf der nonverbalen Ebene wahrnehmen, schlagen Sie gleich mehrere Fliegen mit einer Klappe:

▶ Gefährliche Entwicklungen, die zu wachsender Anspannung eines oder beider Beteiligter führen, können schon im Anfangsstadium unterbrochen werden.

▶ Missverständnisse, die durch eine stillschweigende Interpretation möglich sind, können verhindert werden, indem man gezielt nachfragt, wie man das entsprechende körpersprachliche Signal verstehen soll (Beispiel: »Wenn du so laut wirst, nehme ich an, du ärgerst dich. Das setzt mich unter Druck – willst du das erreichen?«).

▶ Eine Vermischung von Sach- und Gefühlsebene kann verhindert werden, weil erst die Beziehungs- oder Gefühlsebene geklärt wird, bevor man das Gespräch auf der Sachebene weiterführt. Die

---

[99] Hier schlagen sich viele Menschen mit falschen, d. h. unangebrachten Schuldgefühlen herum. Vgl. dazu mein Buch »Wie konnt' ich nur …?!«, Gießen 2010.

Sachebene wird nicht als Transportband für Beziehungsprobleme missbraucht.

▶ Wenn wir unser Gegenüber ansprechen und ein offenes Gespräch entsteht, so entdecken wir, dass wir möglicherweise selbst körpersprachliche Signale ausgesandt haben, auf die unser Gegenüber seinerseits reagierte.

Welche schönen und tief berührenden Erlebnisse wir haben können, wenn wir unsere Mitmenschen genauer anschauen und ihre Körpersprache aufmerksamer wahrnehmen, vermittelt Rainer Maria Rilke in einem seiner Gedichte.[100] Ganz nebenbei macht er darin auch deutlich, dass gerade körperlich oder geistig eingeschränkte Menschen sich oft umso vielfältiger und intensiver mit ihrem Körper ausdrücken.

Die Erblindende

Sie saß so wie die anderen beim Tee.
Mir war zuerst, als ob sie ihre Tasse
ein wenig anders als die andern fasse.
Sie lächelte einmal. Es tat fast weh.

Und als man schließlich sich erhob und sprach
und langsam und wie es der Zufall brachte
durch viele Zimmer ging (man sprach und lachte),
da sah ich sie. Sie ging den andern nach,

verhalten, so wie eine, welche gleich
wird singen müssen und vor vielen Leuten;
auf ihren hellen Augen, die sich freuten
war Licht von außen wie auf einem Teich.

Sie folgte langsam und sie brauchte lang
als wäre etwas noch nicht überstiegen;
und doch: als ob, nach einem Übergang,
sie nicht mehr gehen würde, sondern fliegen.

---

[100] Gesammelte Gedichte, Frankfurt am Main 1962, S. 272.

Literaturliste (Auswahl)

Berendt, Joachim-Ernst/Nada Brahma: Die Welt ist Klang. Reinbek 1985
Collett, Peter: Ich sehe was, was du nicht sagst. Bergisch Gladbach 2007
Die Bibel, nach der Übersetzung Martin Luthers. Stuttgart 1999
Ekman, Paul: Gefühle lesen. Heidelberg 2007
Fast, Julius: Körpersprache. Reinbek 1979
Henley, Nancy M.: Körperstrategien. Frankfurt am Main 1989
Hülshoff, Thomas: Emotionen. München 1999
Molcho, Samy: Alles über Körpersprache. München 2001
Morris, Desmond: Der Mensch, mit dem wir leben. München 1978
Rosenberg, Marshall B.: Gewaltfreie Kommunikation. Paderborn 2004
Schober, Otto: Körpersprache. München 1989
Vroon, Piet: Drei Hirne im Kopf. Zürich 1993
Weingardt, Beate: Das verzeih ich dir (nie)! Witten [9]2009
Weingardt, Beate: Du bist gut genug! Witten [5]2010
Weingardt, Beate: Ein Mann – (k)ein Wort. Witten [2]2009
Weingardt, Beate: Wer immer nur gibt … Gießen [5]2009

Beate M. Weingardt
Du bist gut genug!
192 Seiten, Paperback
Nr. 224.917

Wir alle lassen uns in unserer Lebensgestaltung von Zielen,
Werten und Wünschen leiten. Doch kaum jemand nimmt
diese „inneren Antreiber" genauer in den Blick:
Woher stammen sie? Wollen wir ihnen wirklich folgen?
Solche Antreiber können uns nicht nur beflügeln, sondern
auch einengen und die Lebensfreude abschnüren.
Beate M. Weingardt zeigt, wie wir solchen Arbeitern auf
die Schliche kommen und sie verbannen können. Auf diese
Weise gewinnen wir Gelassenheit und werden auch als
christlich geprägte Menschen glaubwürdiger.

SCM R.Brockhaus

Beate M. Weingardt
Das verzeih' ich Dir nie!
176 Seiten, gebunden
Nr. 226.926

Menschen kränken einander, verletzen die Gefühle
anderer – jeder hat das schon selbst erlebt.
Was tun? Vergessen? Auf die leichte Schulter nehmen?
Wie aber kann man verhindern, von seinen Gefühlen, seien
es Wut, Hass, Schmerz oder tiefe Verunsicherung, dauer-
haft belastet, womöglich „aufgefressen" zu werden?
Welche Schritte sind notwendig, damit Verzeihen möglich
ist? Die Psychologin und Theologin Beate M. Weingardt
geht auf diese Fragen ein und hilft, Kränkungen zu
überwinden und Beziehungen zu erneuern.

SCM R.Brockhaus

Beate M. Weingardt

Ein Mann – kein Wort
180 Seiten, gebunden
Nr. 226.262

In diesem Buch beschäftigt sich die Psychologin und
Theologin mit dem Thema „Warum Männer nicht gerne
über Gefühle reden und Frauen sich nicht damit abfinden
sollten". Sie zeigt, dass das Gespräch das Fundament einer
gelungenen Beziehung ist und nur dadurch Verständigung,
Liebe und Nähe bewahrt werden können.

SCM R.Brockhaus